DIOS RACIONAL

INTRODUCCIÓN

Este errabundo escrito, con vanas pretensiones literarias, solitario, mísero producto de mi vida inútil, es la intrascendente historia de mi conciencia torcida. Torcida porque debió ser recta, a los ojos de mi católica familia y a la hipócrita ambivalente sociedad de mi pueblo. Debió ser religiosa, católica, apegada a las costumbres familiares y sociales, y no resultó así; mi conciencia tuvo la fortuna de tener un temprano y luminoso encuentro con la ciencia y la razón, conformándose al libre pensamiento y rompiendo las cadenas del dogma. Mi conciencia "torcida", es solo libre, es solo un átomo disperso, un punto energético en la infinitud del universo. Dividido en cuatro partes:

La primera: tediosa, aunque breve, recopilación de mi vida costumbrista en mi pueblo natal, de la infancia a la confusa adolescencia; inscrita en la paradoja de mi vida familiar y ciudadana; plena, a la vez, de religiosidad y patriotismo, del dogma y de patria, de etérea animosidad tolerante.

Pueblo perdido en la inmensidad del semidesierto, donde nunca pasaba nada importante, languidecía plácidamente, taciturno, encerrado en sí mismo; en aparente estado de satisfacción social, pues se sentían superados los antiguos conflictos y se respiraba un sano equilibrio entre religiosidad y patriotismo. Esta forma de ser y pensar de las gentes de mi pueblo, sin excluir a mi familia, conformó el amanecer de mi conciencia.

La segunda: en la luminosa, pero aún difusa juventud; pletórica de razón, de técnica, de ciencia, de ánimo, pero con reminiscencias nostálgicas de mi infantil religiosidad, que me llevaron a un estudio razonado de la Biblia, con el objetivo de encontrar a Dios ahí; al no encontrarlo, dirigí mis esfuerzos a la ciencia, pues en mi vida profesional había comprobado que ésta era infalible.

Se esbozan críticas y comentarios lógicos a los fundamentos bíblicos, que contradicen la razón, la ética, la moral y las costumbres actuales.

La tercera: en la racional y apacible madurez; donde la imposibilidad frustrante de encontrar a Dios en la Biblia, encaminó mi mirada a la ciencia y a la razón, alcanzando inesperados como sorprendentes resultados, que me obligaron a elaborar este escrito, con la esperanza de ser útil a aquellos que en su afán de liberarse de las ataduras del dogma, buscan ideas y conceptos donde apoyar su libre pensamiento.

Esta búsqueda de Dios es la búsqueda de un Dios Racional, comprensible, basada en probar los atributos que debe tener Dios y que, a mi juicio, son: único, absoluto, eterno, infinito, inmutable, inmóvil, omnipotente, omnipresente, omnisciente y perfecto.

La cuarta: en donde expongo y comento algunas consecuencias o corolarios de los resultados sorprendentes a los que llegué en mi búsqueda de Dios; y una breve revista de las principales corrientes filosóficas y su comparación irreverente con dichos resultados.

Es menester hacer ver al lector, que es conveniente contar con ciertos conocimientos básicos de la Biblia, de filosofía y científicos para comprender más claramente este texto; pero me queda la esperanza que a aquellos que no los tienen, les nazca el deseo de adquirirlos, y así entrar a un mundo fascinante de luz y de razón, y con eso sumergirse en la espiral de la superación; del círculo virtuoso, de duda y búsqueda. Sin embargo, lo que expreso en estas líneas, es válido solo al día de hoy, pues no puedo y no debo estar seguro por siempre de que lo que pienso sea verdad, porque la seguridad es estatismo, aniquilación y muerte del pensamiento, y de la imaginación; lo que no deseo. La duda es el motor de la superación; y la incertidumbre que opera y reina hoy en la ciencia, es la principal motivación para la adquisición de nuevos conocimientos.

CAPITULO I

EL AMANECER DE MI CONCIENCIA

Nací y crecí en un pueblo del altiplano, dentro de una familia católica, aunque sin llegar a los excesos del fanatismo; mi madre, con escasos conocimientos, pues sus estudios solo abarcaban el tercer grado de educación primaria, me enseñó los principios de la religión, de la moral y del buen comportamiento; tenía un léxico muy limitado, hablaba muy poco conmigo, pero cuando lo hacía, infundía mucho respeto y veneración; nunca gritaba, aunque su voz tampoco era suave; subconscientemente mi ser entendía que todo lo que ella decía era verdad y lo mejor. Me educó no tanto por la palabra ni por consejos, mas bien por su ejemplo; casi nunca salía a la calle, no fumaba, no tomaba alcohol, se dedicaba exclusivamente a las labores de la casa, a preparar los alimentos, a hacer la limpieza, lavar la ropa y cuidar de sus ocho hijos; en fin, cumplir con lo que ella consideraba su deber; era muy responsable. Se persignaba con la señal de la cruz frecuentemente, aunque iba poco a la iglesia, solo en las festividades religiosas más importantes del año, como las de Semana Santa y las de fin de año. Guardaba celosamente la obligación religiosa de todos los sacramentos de la Ley de Dios, para sus hijos; como el bautismo, la confirmación, la primera comunión y el matrimonio. Mi padre, también con precaria educación, hablaba conmigo menos que mi madre, pero a través también de su ejemplo, recibí buenos principios morales, de honestidad, integridad y dignidad. Nunca lo miré fumar, ni beber alcohol, pero tampoco ir a la iglesia; no era religioso, al menos no lo expresaba ni de palabra ni acción.

La vida en el pueblo transcurría pacífica, lánguidamente, enmarcada en los dos valores fundamentales de la costumbre y la tradición: la religiosidad y el nacionalismo, frecuentemente entrelazados y en serena contraposición.

Las festividades del calendario religioso como las del calendario patriótico se celebraban invariablemente del mismo modo. Cuarenta días antes del inicio de la semana santa estaba el miércoles de ceniza, donde la grey, devotamente, asistía a la iglesia para recibir por el sacerdote, en la frente, un poco de ceniza, con la sentencia "polvo eres y en polvo te convertirás". Después, el Domingo de Ramos, para iniciar la Semana Santa, donde se asistía a misa para recordar la entrada de Cristo a Jerusalén, el domingo anterior a su crucifixión; al salir de misa, los feligreses hacían compras de palmas del desierto altiplano, tejidas en cruz o en otras formas, y que se conservaban durante todo el año en los hogares, porque se suponían benditas, y daban protección divina. En esa tarde, como en la tarde del Domingo de Resurrección; en la plaza principal del pueblo, como todos los domingos del año, se efectuaba una romería; en donde los hombres caminaban en dirección opuesta a las mujeres alrededor de la plaza; pero en estas ocasiones se vendían huevos de Pascua, pintados de colores y rellenos de confeti y "agua florida" - agua con perfume - los cuales eran quebrados en la cabeza de algún ejemplar predilecto del sexo opuesto, como broma o para llamar la atención. Enseguida, las celebraciones en jueves y viernes Santos, con el lavatorio de pies a los apóstoles y la crucifixión simbólica de Cristo por el sacerdote en la iglesia. Los más devotos asistían a varias iglesias para emular las paradas de Cristo en su Pasión. Al día siguiente, Sábado de Gloria, en el que se decía que "se abría la Gloria" para la elevación de Cristo al cielo, después de su Resurrección, se efectuaba la "quema de los Judas", que no eran más que muñecos con juegos pirotécnicos integrados, con efigies que representaban personajes conocidos locales, nacionales o internacionales "non gratos" y que el vulgo los consideraba Judas, es decir, malos. Durante todo el día desfilaban por las calles de la ciudad estos muñecos para exhibirse, pero también para pedir dinero o regalos compensatorios de su fabricación. A media tarde y en presencia de mucha gente, se quemaban, uno a uno, con tronidos estremecedores, en el centro de la ciudad, simbolizando el triunfo del bien sobre el mal. Se sucedía entonces el Domingo de Resurrección, para recordar que al tercer día de muerto, Cristo resucitó y se elevó al cielo, lo que debería ser de una gran alegría, razón por la cual en la tarde se iba a la iglesia para orar en la misa o "rosario" que con motivo de la ocasión se celebraba especialmente. Los jóvenes aprovechaban para realizar una romería en otra de las plazas principales del pueblo, para ver o ser vistos por el sexo opuesto. Los hombres caminaban en un sentido y las mujeres en otro, como era la costumbre; no pocos romances se iniciaban en esa tarde. En las tardes de los jueves y viernes Santos; "puestos" o comercios temporales se solían instalar alrededor de la plaza para vender "refrescos" o sodas, alimentos y demás baratijas; era realmente una pequeña feria de dos días. Una tradición en este día era saborear "charamuscas", dulces blancos con rayas rojas en forma de bastón, que hasta el día de hoy desconozco su significado, pero no se vendían ni comían en otro día del año. En la noche de ese Sábado de Gloria se celebraba uno de los bailes públicos más importantes del año, en un salón muy grande, propiedad de la "Sociedad Mutualista". La alegría reinaba como una culminación de la "cuaresma" y de la Semana Santa. Se suponía que desde el Miércoles de Ceniza, cuarenta días antes de la Semana Santa, transcurría una época de recogimiento espiritual, en la que no deberían haber fiestas y no comer carne en esos viernes; por eso la alegría en este día.

La festividad religiosa más importante en el calendario, era sin duda, la temporada navideña, incrementada grandemente en su fervor, por la coincidencia de la celebración de la Feria del Pueblo, del primero al diez de enero, siendo su clímax en la noche del cinco al seis de enero, noche de los Reyes Magos.

Desde los primeros días del mes de diciembre y hasta el diez de enero, era una temporada de festividades diarias, una tras otra, pasando por la de la virgen de Guadalupe, el 12 de diciembre. Era también la época del retorno de los "paisanos"; coterráneos que habían emigrado a los Estados Unidos a trabajar y que regresaban al terruño a pasar las fiestas navideñas, fin de año y la feria, con sus seres queridos; se reconocían fácilmente, por la buena ropa que vestían y los automóviles que manejaban, uno más lujoso que el otro. Por todo el pueblo se celebraban fiestas y bailes diariamente, desde comienzos del mes de diciembre, primero para festejar el retorno temporal de los emigrados, después, el día doce de diciembre, aniversario de las apariciones de la Virgen de Guadalupe y los cumpleaños de todas las mujeres y hombres del pueblo que se llamaban "Guadalupe", que no eran pocos; seguían las "pre-posadas" luego las "posadas" - fiestas que se celebraban del 16 al 24 de diciembre para conmemorar los días en donde la Virgen María pedía posada en Belén, antes de dar a luz al niño Dios - enseguida se sucedía un rosario interminable de fiestas: la Nochebuena, la Navidad, la fiesta de fin de año y para coronar las festividades, la feria anual del pueblo, que duraba diez días, del 1 al 10 de enero. Otros de los bailes públicos más importantes del año eran los de fin de año y el de reyes, el 5 de enero, clímax de la feria, que se celebraban en el salón de la Sociedad Mutualista, pero también en otros lugares. Las festividades propiamente religiosas de esta época eran: las de la Virgen de Guadalupe, las "posadas", las "pastorelas", las "acostadas" en la Nochebuena y las de la feria, pues se celebraba al patrono del pueblo.

Las festividades de la virgen de Guadalupe comenzaban varios días antes del 12 de diciembre con peregrinaciones diarias, que en ocasiones eran varias por día. Estas peregrinaciones partían de diferentes rumbos del pueblo y terminaban en la iglesia principal; estaban formadas por fieles de diversas asociaciones civiles y religiosas, como empresas, barrios, sindicatos, cofradías, etc., etc., culminaban el 11 de diciembre en una misa de "gallo" - de media noche - en la iglesia principal del pueblo. Al frente de estas peregrinaciones iba invariablemente un grupo de danzantes con vestimenta indígena, seguidos por los feligreses caminando lentamente y llevando la mayoría, una vela en la mano, a veces prendida, y otros un estandarte con la efigie de la virgen de Guadalupe o algún escudo de su cofradía y otros encendiendo y lanzando cohetes pirotécnicos al aire.

Las fiestas de las posadas eran de dos tipos: el primero era familiar, en dónde, en alguna casa particular, se reunían familiares y amigos para emular la petición de posada de la virgen María en Belén, antes del nacimiento de Cristo, la que se la negaron varias veces, por lo que dio a luz en un establo; con cánticos, un grupo de personas se colocaba afuera de la casa y pedía posada y otro grupo dentro de la casa, con cánticos también, se lo negaba, en seguida se rezaban las oraciones y posteriormente se servía la cena y en ocasiones se sucedía el baile. El segundo tipo de posada era una cena-baile o baile solamente, que podía ser privado o público, organizado por una asociación civil, como empresa, sindicato o persona particular. Continuando las festividades se realizaban las "pastorelas", representaciones teatrales, organizadas por familias para recordar las vicisitudes o dificultades puestas por el diablo a los pastorcillos que querían ir a conocer al niño Dios que acababa de nacer.

La culminación de las fiestas navideñas era la "acostada del niño Dios" en la Noche Buena, es decir, el 24 de diciembre. Es menester mencionar que desde un mes antes, en la mayoría de los hogares devotos del pueblo se construía una representación del establo donde nació el niño Dios, esta representación llamada "nacimiento", era más o menos elaborada, dependiendo de la creatividad y recursos del hacedor; monitos de diversos materiales, representaban al niño Dios, a María y José, a los pastorcillos, a los animales, a los Reyes Magos, etc., se decoraba con cerros, montañas, caminos, trenes eléctricos, diversas plantas como musgo, heno, paja y otras. El muñeco que representaba al niño Dios era el más grande y de mejor calidad, generalmente de porcelana, como el que mi madre guardaba con gran veneración todo el año, en una cajita de cristal, construida ex profeso, en un nicho en la pared. La ceremonia de la "acostada" consistía en bajar o llevar al niño Dios de su nicho y acostarlo en el establo del "nacimiento" seguidamente de un rosario de oraciones y posteriormente la cena de Navidad.

Comenzando el año, se sucedían las "ceras", peregrinaciones diarias, organizadas por agrupaciones civiles o religiosas, como empresas, sindicatos, cofradías, etc., en donde, caminando lentamente con una vela en la mano, los fieles competían para ver quien llevaba la vela mas gruesa y grande, como insinuando que el ganador era más devoto, pero también, quien tenía más dinero. Encabezando las "ceras" ya no iba el grupo de danzantes, sino una banda de música, interpretando piezas no religiosas, más bien populares o marchas patrióticas. Al frente, atrás y a los lados caminaban personas lanzando "cuetes" - cohetes pirotécnicos - al aire, de vez en vez. Las "ceras" eran un espectáculo grandioso, (al menos así me parecían) - semejantes a las marchas nocturnas de los nazis en Alemania - se realizaban al atardecer, anocheciendo, con las velas encendidas, mezclando su humo con el de los "cuetes" y entremezclados también, rompían el silencio de la tarde-noche, las estimulantes notas de la banda musical y el atronador sonido de los "cuetes", hechizando a los observadores. Las campanas de la iglesia repicaban sin cesar, todo el tiempo, desde la entrada del primer miembro de la "cera" a la iglesia, hasta el último. Las velas eran colocadas al frente del altar, dando comienzo la misa, culminación de la "cera".

La noche de fin de año y en la del 5 de enero, se celebraban sendas misas de "gallo", en donde acudía la mayor parte del devoto pueblo a la iglesia principal, la cual, a pesar de ser muy grande, se abarrotaba, apiñándose la gente afuera y adentro; no se podía casi caminar ahí.

En las noches del 5 y 6 de enero, después de la entrada de las "ceras" a la iglesia y en sus afueras, se quemaban los juegos pirotécnicos, que eran fabricados especialmente para la ocasión. Los eventos religiosos de la feria, no eran los más importantes para la mayoría del pueblo, pues había el palenque - plaza para la pelea de gallos - , variedades musicales y juegos de azar, corridas de toros, en donde se presentaban los mejores toreros del país y de España; y en el centro del pueblo, los juegos mecánicos para niños y adultos; vendimia en puestos temporales de un sin fin de cosas: artesanías, comidas, ropa, frutas, etc., sin faltar las indispensables cantinas, que no eran pocas, rebosantes de clientes, con su inolvidable nauseabundo tufo a una mezcla de tequila y mezcal baratos, con orines y sudores; inevitablemente percibidos al pasar por enfrente de sus puertas de vaivén tradicionales.

La población del pueblo se incrementaba sobremanera en esta época, tanto por emigrados retornados, como por los turistas, visitantes, y vecinos de pueblos y rancherías cercanas. En las mañanas de los días de feria se veían alfombradas las calles del centro del pueblo, con una gruesa capa de cáscaras de cacahuate - maní - , de naranja y de caña de azúcar y de otros residuos de todo tipo, que tenían la ventaja de ser todos biodegradables, incluyendo los envases, que eran de papel - pues todavía no se usaba el plástico en el pueblo - dejados por los paseantes de la feria en el día y noche anteriores. No había cultura de limpieza, ni recipientes públicos para colectar la basura.

Otras celebraciones en el calendario religioso, se sucedían en los meses de mayo y junio, en donde se llevaba a los niños vestidos de blanco a "ofrecer flores" a la iglesia; en mayo, a las niñas, y en junio a los niños. En estos meses era también común que muchos niños hicieran su "primera comunión" - mandato sacramental - previa instrucción, mediante un curso en la iglesia, de los fundamentos del catolicismo - catecismo - , conjuntamente con la enseñanza de las principales oraciones, como el "Padre Nuestro" y el "Dios te salve María".

En los primeros días de octubre, en especial el día cuatro, se llevaba a cabo la peregrinación anual a un pueblo cercano de la sierra, para visitar al santo patrono de ese pueblo, en su feria. Mucha gente de los pueblos cercanos, y por supuesto, también del nuestro, se trasladaban en diferentes tipos de vehículos, pero también caminando a través de la sierra, tanto de día, como de noche, caminata que duraba varias horas. Durante los días siguientes, se comentaba en todo el pueblo, con orgullo o admiración, de las peripecias ocurridas a las personas asistentes a la caminata serrana.

La vida ciudadana en el pueblo estaba determinada por los dos valores históricos: la religiosidad y el laicismo revolucionario, heredero del liberalismo decimonónico. A pesar de existir en el pueblo escuelas privadas católicas, una para niñas y otra para niños, la mayor parte de los estudiantes se graduaba de las diferentes escuelas públicas de la localidad, que eran de buena calidad de enseñanza; teniendo yo la suerte de asistir a una de ellas. En todos los años de mis estudios, nunca se mencionó, ni en clases, ni en tareas o trabajos, a la religión, en lo más mínimo.

El ambiente no religioso, era a la vez, patriótico y de gran nacionalismo. Las celebraciones patrióticas tenían igual o mayor emotividad que las religiosas, se puede decir que competían por el ánimo del pueblo, siempre tratando de guardar la separación constitucional Iglesia-Estado. La iglesia nunca sacó, para ser venerados o peregrinados por las calles, a santos o símbolos religiosos; como sucede en otros países de mayoría católica; ni las autoridades civiles ofendían a la religión en sus desfiles o actos públicos patrióticos.

Las principales fechas del calendario patriótico conmemoraban la Constitución, el Lábaro Patrio, la Independencia, la Revolución y los Héroes de la Patria, con desfiles, discursos y actos públicos donde participaban todas las escuelas del pueblo, y en ocasiones, algunas organizaciones, como sindicatos, empresas y partidas militares. En los días de "desfile", las calles se llenaban con las notas ensordecedoras de las marchas militares, entonadas por las "bandas de guerra" de las escuelas, de los sindicatos y de la partida militar. Cada grupo partía de su domicilio al lugar de reunión, marchando al ritmo, ya de su banda de guerra o a la voz del "paso redoblado" o de "un,dos-un,dos" del maestro o personaje guía. Una vez reunidos en el lugar de donde partiría el desfile, que era casi siempre en uno de los jardines principales del pueblo, partía el contingente a media mañana, dando inicio el "desfile", recorriendo varias calles hasta el jardín principal, donde estaba la Presidencia Municipal. Durante el trayecto se continuaban escuchando las vibrantes notas de las "bandas de guerra", llevando gran emotividad patriótica a todos los espectadores y participantes; todos los integrantes del "desfile" se formaban alrededor de la plaza, dando comienzo la celebración, que consistía invariablemente en discursos, poesías y reconocimientos a los héroes de la patria, todo esto amenizado por marchas nacionalistas o canciones populares tradicionales, tocadas por grabaciones o conjuntos musicales en vivo, emplazados en el kiosco central de la plaza. La música se oía toda la mañana; y posteriormente en la tarde y noche, la "serenata", allí mismo, con gran asistencia de paseantes. Finalizaba el día con un gran baile público en el salón principal, amenizado por una o dos de las principales orquestas de la región o del país. Simultáneamente se organizaban otros bailes más pequeños en otros lugares del pueblo. Durante la tarde se habían realizado eventos o torneos deportivos importantes.

La vida comunitaria se desarrollaba entre una gran religiosidad y un gran patriotismo, pero con respeto mutuo que nunca llevó a una confrontación visible.

Mi infancia y adolescencia temprana la viví en este pacífico y bello pueblo, dentro de una familia relativamente estable y unida; donde casi nunca pasaba nada extraordinario, a excepción de las festividades civiles y religiosas, las que se sucedían, año tras año, de la misma manera.

La conformación de mi conciencia, iba paso a paso, guiada por un lado, por la religiosidad, y por el otro, por la civilidad y el patriotismo que veía y vivía.

En los finales de mi educación primaria y casi en forma imperceptible, me fui dando cuenta de las contradicciones del medio en que me desenvolvía; la religiosidad en casi todos los ámbitos y la total ausencia de ella en mi escuela y en mis libros. Tales contradicciones habían llevado a mi conciencia a una confusión y a plantearme grandes dudas sobre la religión.

En el amanecer de mi conciencia, le pedí algunas cosas a Dios que me concediera; tal como yo sabía lo hacía mucha gente; aunque nunca, o casi nunca me las concedió. En temporada navideña, le pedía algunos regalos a Santa Claus y a los Reyes Magos, que yo soñaba tener, pero nunca me trajeron lo deseado, ni en calidad, ni en cantidad. Durante el año le seguía pidiendo algunos deseos, pero con los mismos frustrantes resultados.

Al llegar mi adolescencia, en forma subconsciente y a veces conciente, inicié a cuestionarme todo lo que veía y vivía, en cuanto a la religiosidad en mi pueblo; me parecía una exagerada sumisión hipócrita a las costumbres o tradiciones religiosas. Los fieles, ampulosamente contritos, en las "ceras" o peregrinaciones, compitiendo para ver quien llevaba la vela más grande o "gorda"; el olor acre de los humos de las velas encendidas y de los "cuetes" chifladores, se entremezclaban con las notas de cánticos, marchas y piezas musicales populares, en plena contradicción, a mi modo de ver, con la supuesta emotividad religiosa de la temporada.

Dentro de la iglesia, en los días de mayor concurrencia, se presentaban aglomeraciones tan grandes, que no se podía caminar allí, se sucedían los malos olores, de cirios encendidos, a sudores y humores; unos más nauseabundos que otros. La pretenciosa influencia de la iglesia y sus tradiciones sobre la vida civil, se me hacía apabullante y esclavizadora de mentes y vidas. Las campanas de las iglesias tocaban varias veces al día llamando a misa o a otros actos, sin ningún respeto por la paz de las personas. En un pueblo chico, en donde casi no se escuchan ruidos fuertes, el repiquetear de las campanas alcanza gran sonoridad y en muchas ocasiones impide conciliar el sueño, a los que necesitan dormir en esas horas.

Mis valores religiosos se habían basado en la poca información familiar, de las contadas clases de catecismo, pero principalmente por mis vivencias; visuales, sonoras y olfativas en las celebraciones religiosas. Las lecturas de cortos fragmentos de los evangelios al oír misa, me confundían, en vez de ayudarme a comprender la religión, sabía que existía la Biblia, pero nunca nadie me indujo a leerla, ni conocí a nadie que lo hiciera; en mi casa, al menos, no teníamos Biblia.

Mi desconocimiento de los fundamentos de la religión fue casi total, con una gran confusión mental, pero debido a mi juventud y a otros valores, esto no me causaba problemas en mi estabilidad y forma de vivir. Sin embargo siempre sentí cierta insatisfacción espiritual con respecto a la religión y la existencia de Dios.

Mi educación primaria fue totalmente carente de los conceptos de Dios y de religión, a no ser en forma histórica, en el tema de la promulgación de las leyes de la separación Iglesia-Estado y la educación laica; pero fue plena de conocimientos científicos, naturales y humanísticos que terminaron de conformar mi conciencia en un modo racional. En el futuro no aceptaría ningún conocimiento, ninguna creencia sino fuera a través de la razón.

Mi vida en la capital, a donde me trasladé para realizar mis estudios universitarios, fue totalmente diferente a la de mi pueblo, la emotividad religiosa todavía presente, se diluía en la vorágine cotidiana de eventos, ruidos y problemas de todo tipo. El sonido de las campanas nunca más se escuchó, las peregrinaciones, a pesar que existían, nunca las miré, y por años no asistí a las iglesias. Con la determinación de finalizar mis estudios y con el batallar continuo para ello, mis necesidades espirituales pasaron a segundo término.

CAPITULO II

CONOCIMIENTO, CONTROL Y EVALUACION DE MI SER. LA JUVENTUD

Al terminar mi carrera universitaria y ver cumplidas mis aspiraciones, me encontré en una leve crisis existencial, sin metas, y enfrentado con la vida real; con sus problemas de relaciones humanas, económicos, sentimentales, etc., renaciendo entonces mis necesidades espirituales en forma intensa. Mi mente se encontraba inmersa en una confusión, igual o mayor, que la que sentía en la infancia y adolescencia durante la vida en mi pueblo; entendí entonces, que la educación y preparación que había recibido, solo me sería útil para tratar de conocer y controlar el medio externo, pero muy poco o nada, para entender y controlar mi ser interno.

Cuando inicié a laborar profesionalmente, la ciencia y la técnica que empleaba, funcionaban a la perfección, eran infalibles; si alguna vez no era así, era consecuencia de errores humanos; pero entender a las personas, a la religión, a Dios, pero sobre todo a mí mismo; y controlar mis emociones, pasiones y mi mente, era otra cosa muy diferente, que, sentía yo, se escapaba de mis posibilidades. Mas, discerniendo que mis problemas existenciales, ya los habían experimentado anteriormente infinidad de personas antes que yo en el transcurso de los siglos y que seguramente muchas de ellas los habían resuelto y documentado; y con la máxima "no hay nada nuevo bajo el sol"; y aprovechando la facilidad que tenía debido a mis estudios, me eché a cuestas la tarea del conocimiento de mí mismo.

Entendía también que una buena parte de mis problemas existenciales devenían de la confusión con respecto a Dios, pero la búsqueda de él, sería ilegítima si primero no me encontraba a mí mismo. Leí entonces algunos libros de superación personal, de control mental, de autosugestión, auto-hipnotismo, de psico-cibernética, de yoga, etc., que empezaron a darme magníficos resultados.

Al analizar el proceso por medio del cual realizaba las acciones, formadoras de mi conducta, entendí que su calidad, cantidad e intensidad dependían de mi estado de ánimo; la pregunta obvia que me formulé ¿qué determina o qué causa mi estado de ánimo? me llevó a recordar, que durante toda mi vida, mi mente había estado ocupada con pensamientos de toda índole, casi siempre llegando en forma caótica y azarosa; buenos y malos, que se sucedían en películas mentales, esclavizando a mi mente con sus contenidos, a veces no deseados, a veces placenteros y a veces angustiantes, pero casi siempre incontrolables. Fue una luz impactante el darme cuenta, que mi estado de ánimo, era determinado por el tipo y contenido de dichas películas mentales, tanto, que si tenía un pensamiento o recuerdo negativo, por cualquier causa, eso me sumía en una depresión o desazón por minutos o incluso horas. Entonces, parte de la solución de mi autocontrol, sería obviamente, controlar la aparición y contenido de mis pensamientos, pero, ¿cómo?

Conceptos básicos para el conocimiento y control de uno mismo

Al leer mis libros de superación personal aprendí algunos principios básicos para el control de la mente y el entendimiento de uno mismo; algunos de ellos son:

1. Se pueden controlar tecnificadamente los pensamientos a través del relajamiento y de la voluntad de hacerlo.

2. La mente no distingue lo real de lo imaginado - conocimiento que es uno de los mas importantes que se pueden adquirir en una vida - "repítete mil veces una mentira y al final creerás que es verdad".

3. Las personas son, lo que sus pensamientos son.

4. En la vida no gana, ni el más fuerte, ni el más capaz; gana, el que piensa ganar, es decir, gana, el que mantiene en su mente más intensa y frecuentemente el pensamiento de verse ganador.

5. Cuesta el mismo trabajo, la misma energía vital, crear pensamientos de cosas chicas que crear pensamientos de cosas grandes, como de planes y proyectos chicos, como de planes y proyectos grandes.

6. No se puede pretender conocer, ni controlar el medio externo, ni mucho menos a Dios, si primero no te conoces a ti mismo; es incongruente e ilegítimo.

7. Es través del relajamiento y de la meditación como se puede alcanzar el control de los pensamientos, la luz del pensamiento en blanco y la percepción e intuición de Dios.

8. Se pueden dar órdenes al subconsciente, manteniendo obstinadamente un pensamiento deseado.

9. La libertad de la voluntad - uno de los postulados de la metafísica, la moral y el Derecho actuales - no es tal, pues ahora se sabe que puede estar condicionada por la

genética, por la salud física y mental, por la ingestión de alguna droga legal o ilegal y hasta por el proceso natural del pensamiento, en el que hay "un tiempo de atraso" en la respuesta de la conciencia con respecto al instante en que sucede el evento de integración del impulso eléctrico neuronal y que inicia la tendencia a una acción específica; esto significa, que algunas, la mayoría, o todas las acciones que realizamos, aparentemente están inducidas de antemano por la integración en un evento dado, del proceso caótico de entrecruzamiento de los miles de millones de impulsos electrónicos sinápticos, carga y descarga de voltaje continuamente, a una frecuencia específica en las neuronas, donde la conciencia no se da cuenta de esto y piensa que la acción que está por realizar es por su libre albedrío, lo cual puede no ser así. El génesis del pensamiento y la acción consecuente, es muy buen ejemplo del "principio de incertidumbre", instaurado por la mecánica cuántica, que domina actualmente en la ciencia - que por otro lado, es benéfico, pues motiva a la superación - pues no se puede saber todavía, si la acción realizada fue producto de la inducción del evento resultante, del entrecruzamiento de los impulsos sinápticos caóticos, de la genética, de un temporal estado de salud físico y mental, influencia de alguna droga o por un "normal" libre albedrío. Una libertad condicionada no es libertad.

Técnicas de relajamiento y control de los pensamientos

Son necesarias las siguientes condiciones para alcanzar el relajamiento que lleve a facilitar la tecnificación del control de los pensamientos: una alimentación frugal, preferentemente vegetariana, respiración acompasada y profunda, una acción voluntaria para relajar cada uno de los músculos específicos del cuerpo, manteniendo una posición cómoda.

Obtenidas estas condiciones, se inicia el proceso o tecnificación del control de los pensamientos. Se coloca cualquier objeto delante de sí, se escoge un punto específico en el objeto, concentrando su vista y pensamiento en él; si llegare un pensamiento de otro tipo, tratar de quitarlo voluntariamente, una y otra vez, repetidamente, hasta lograrlo en forma instantánea y volver al punto de referencia; este proceso puede durar semanas o meses, en sesiones diarias de una a dos horas, debe apoyarse con un control de las sensaciones corporales, tratando de eliminar concientemente, haciendo caso omiso de él, y sin mover ninguna parte del cuerpo, cualquier malestar o incomodidad, como ardor, comezón, dolor, etc. Un estado así es prácticamente la separación de mente-cuerpo; el cuerpo no se siente, es pura intuición, conciencia plena y absoluta; es la comunión o integración a Dios; es el estado más cercano a la felicidad, es la paz espiritual, la paz consigo mismo.

La respiración profunda y acompasada necesaria para facilitar el relajamiento, se puede aprender de técnicas de yoga, de la siguiente forma: sacar todo el aire del sistema respiratorio mediante una espiración profunda, aplanando el abdomen a la máximo posible, después, lentamente aspirar en tres etapas: primero bajando el diafragma e inflando el abdomen lo más posible, después, seguir aspirando inflando el pecho, subiendo los hombros, para posteriormente terminar la aspiración elevando el cuello. Retener, entonces, la respiración al máximo y luego espirar por la boca; lo anterior se repite diez veces. El beneficio obtenido es extraer el aire viciado que se encuentra normalmente en el sistema respiratorio después de cada respiración - pues la concentración de dióxido de carbono en el aire que se espira; y que es más alta que la de la aspiración, está prácticamente en equilibrio con el sistema respiratorio -

aumentando la oxigenación de la sangre al cerebro y al resto del cuerpo, obteniendo, como una consecuencia muy sensible, paz mental y un estado de ánimo optimista, o al menos no tan depresivo. En el resto del tiempo de la sesión diaria de relajamiento, se debe de respirar en forma suave, pero profunda y acompasada: aspirar solamente bajando el diafragma e inflando el abdomen contando seis latidos del corazón, retener la respiración contando seis latidos y espirar contando seis latidos del corazón también. Los latidos del corazón para contar el tiempo pueden ser variables, de seis, ocho o diez, dependiendo de la comodidad de ello. Pasando el tiempo, no es necesario contarlos pues el cuerpo se acostumbra y lo hace automáticamente, ni mantener un objeto para concentrar la mente, puede ser un objeto mental. Con esta forma de respirar también se mantienen niveles altos de oxigenación, condición necesaria de un estado de ánimo optimista y relajado.

<u>Cuando se haya alcanzado el control de los pensamientos y mantener la mente en blanco, el siguiente paso evidente es poner en la mente, a voluntad también, los pensamientos y el tiempo que uno desee. ¿Cuales pensamientos se van a poner a voluntad en la mente?, los que más nos convengan, con los que sea uno más optimista o feliz, los que nos hagan más capaces y más útiles a uno mismo, a la familia y a la humanidad. Esto es el verdadero poder de la mente, el verdadero poder del ser humano, y un poder infinito cuando se integra a Dios.</u>

Un estado de ánimo positivo, paz mental y las acciones que conforman una conducta consecuente, no son enteramente determinadas por el control de la mente, de los pensamientos y de las emociones, también dependen de otros factores, como los genéticos, innatos, salud física, ambiente, formación familiar, etc., pero cualquier tendencia o impacto negativo, debido a cualquiera de estos factores, seguramente se verá atenuado o hasta eliminado, por el control de nuestros pensamientos y pasiones, soportados por una alimentación frugal, una vida sana, ejercicio físico, de respiración, relajamiento y yoga.

Cuando creí haber alcanzado cierto nivel de control de mis pensamientos y emociones, pero queriendo abundar en el conocimiento de mí mismo, intenté encontrar mi posición como ser humano y autoevaluarme, preguntándome ¿Cuál es el valor absoluto de una persona?

El valor absoluto de una persona

El valor absoluto de una persona no tiene que ver con sus posesiones materiales como automóviles, casas, joyas, dinero, etc., porque son cosas que pertenecen al medio externo y no a la persona en sí misma. Las características o capacidades que dan valor a una persona son las intrínsecas, es decir, las que pertenecen al ser mismo de esa persona.

Las cualidades internas de una persona, se pueden dividir, desde el punto de vista del origen de esa existencia, en: cualidades innatas y cualidades adquiridas. Desde el punto de vista de la calidad se pueden dividir en cualidades intelectuales y cualidades espirituales o morales. Las cualidades innatas son aquellas que la persona obtiene por herencia de sus padres, es decir, por sus genes en el nacimiento o por un muy buen desarrollo prenatal, esto es cierto para las personas que tienen una gran inteligencia o una gran capacidad física para ciertas actividades o deportes. Las cualidades adquiridas son las que se obtienen por propio esfuerzo, en un medio ambiente propicio, como son los conocimientos, la educación y la habilidad o pericia, así como todas las cualidades morales. Las cualidades intelectuales son las que se refieren a la inteligencia y las cualidades espirituales o morales se refieren a las manifestaciones del espíritu o del alma, como son la nobleza, sentido del honor, la lealtad, la compasión, el amor, etc.

El valor absoluto de una persona debe ser cuantificado por la cantidad y calidad de las acciones que dicha persona realice en su vida, siempre tomando en cuenta el mayor bien para el mayor número de personas. El mayor valor absoluto como persona, se alcanzará cuando se realicen acciones que eleven el nivel de vida, la espiritualidad o moral y la dignidad de la humanidad entera, así como realizar invenciones o descubrimientos que aseguren la supervivencia de la especie humana, que sería el fin ultimo de la existencia del ser humano.

El valor absoluto de una persona depende de muchas causas, entre ellas las más importantes son las genéticas, las físicas, las ambientales, las familiares, acceso a las oportunidades, etc. Las personas que nacen con buenos genes, con una gran capacidad física, en un ambiente sano, con una buena moral familiar y con buenas oportunidades, tienen grandes posibilidades de ser personas con un gran valor absoluto. Estas personas para realizar grandes acciones en beneficio de los demás necesitan un impulso interno y una actitud positiva que algunas veces no se da; y la ciencia actualmente no tiene respuesta a esto, aparentemente es por defecto en algunas áreas del cerebro, sobre todo en la región pre-frontal. Esto explica porqué algunas personas con grandes capacidades o cualidades se van por el camino del mal, de la delincuencia o simplemente no realizan grandes cosas en su vida.

Para que una persona tenga un gran valor absoluto, no hacen falta nada más grandes capacidades o cualidades, sino tener también un gran impulso interior positivo y así realizar grandes cosas en beneficio de los demás. Entre más sirva una persona a los demás, más valor absoluto tiene. Una persona puede tener pocas capacidades o cualidades, pero realizar obras en beneficio de los demás y así, tiene mayor valor absoluto que aquella con grandes cualidades pero que no realiza obras en beneficio de nadie.

Con tristeza comprendí, entonces, que yo valía muy poco como persona, pero seguramente más que otros, y me hice el propósito, de aumentar, aunque fuere un poco, mi valor cada día, empleando el control de la mente y de mis emociones y así tener frente a la vida, una actitud positiva el mayor tiempo posible.

Al encontrarme con mi exiguo valor personal, mis angustiosas preguntas fueron: ¿cuál es mi capacidad?, ¿qué talento tengo?, ¿qué es talento?, con la esperanza de que al ser contestadas, pudiera incrementar mi valor.

Talento es el poder de hacer, de realizar cosas, es la potencialidad realizadora, en donde no importa tanto el saber, ni la inteligencia, ni muchas capacidades, sino el aplicarlas, la intencionalidad de hacer, "qué tanto haces con lo que sabes y eres". El talento está conformado por varios atributos, como son: la inteligencia, personalidad, carácter, capacidad física, genialidad y una chispa, impulso interior, indefinible, de potencialidad realizadora, a la vez de pensamiento optimista constante.

El concepto de eficiencia humana, es adecuado para aclarar estas ideas. Si una persona nació dentro de una familia estable y acomodada, con extraordinarias aptitudes físicas, magnífica presencia, con gran inteligencia, fue educado en las mejores escuelas, cuenta con todo el apoyo familiar, pero es pusilánime, con actitud negativa y pocas realizaciones en la vida, esa persona tiene baja eficiencia humana, pues teniéndolo todo, realiza casi nada. Por el contrario, si nace una persona con notables desventajas físicas, precaria salud, crece con alimentación deficiente, con pocos recursos y oportunidades, en cuna humilde, de familia destrozada, pero de cualquier forma se educa, se prepara, y logra realizar grandes cosas en la vida, en beneficio de sí mismo y de los demás, esa persona tiene una alta eficiencia humana.

Factores que influyen en el talento y en la eficiencia humana

Con la inteligencia se dice que se nace, con lo que estoy de acuerdo, pero sin cerrar la posibilidad de que en un futuro se encuentre la forma de incrementarla en forma segura y adecuada.

La capacidad física también es innata en parte, aunque influenciada por accidentes negativos, como mal cuidado prenatal y durante el alumbramiento; y por deficiente alimentación, insanas costumbres, poco ejercicio físico, vida sedentaria, etc.

La personalidad depende también de una adecuada alimentación y respiración. Una persona vegetariana es más tolerante y pacífica que aquella que come carne –se dice, que los pueblos más agresivos, son los carnívoros – porque el tiempo de residencia en el cuerpo humano de los residuos de la carne es mucho mayor que el de los que no lo son, manteniéndose una concentración de toxinas en la sangre, más elevada, con la consecuente exacerbación de ánimo; haciendo a la persona, más impulsiva y con poco control de sí misma.

La capacidad del sistema respiratorio ya sea innata o adquirida, define en parte también la personalidad de un individuo: la oxigenación es tan importante o más que la alimentación. La energía vital se genera por el proceso químico de la combustión de los alimentos por el oxígeno del aire, que obtenemos mediante la respiración, pero la relación alimentooxígeno, la estequiometría química, es crucial para el buen desempeño de las funciones vitales. <u>Tan importante es la respiración en este proceso que se puede vivir varios días sin alimento, pero solo tres o cuatro minutos sin oxígeno.</u> Si se come en exceso y se respira normal o deficientemente, con seguridad se tendrá deficiencia de oxígeno, tendencia a la enfermedad, un perceptible malestar general por excesiva concentración de toxinas sistémica y una tensa animosidad. Por el contrario, una alimentación frugal, ejercicio físico y una respiración profunda y acompasada, aunada a ejercicios de yoga y relajamiento, llevará a una mayor concentración de oxígeno residual en la sangre, a un buen rendimiento fisiológico, bienestar físico, control mental y de los pensamientos, y como consecuencia final, un estado de ánimo positivo y mayor potencialidad creadora. <u>La chispa interna creadora de acciones positivas, el deseo de realizar obras, que mencioné anteriormente, tiene como condición una buena oxigenación sistémica corporal.</u>

La genialidad es un atributo del talento; todos los seres humanos tienen instantes creadores, geniales, aunque a veces, no los reconocen, no se valoran y se hace caso omiso de ellos. Es menester prepararse para reconocer, recibir y aprovechar esos escasos instantes, lo que se puede lograr teniendo el poder de controlar la mente. Los instantes geniales son impulsos, ideas, que vienen aparentemente, en forma directa del alma, surgen sin causa aparente, en forma caótica, por el "principio de incertidumbre" de la mecánica cuántica, integración resultante afortunada, del entrecruzamiento de la miríada de impulsos electrónicos simultáneos neuronales, - y se pueden presentar en cualquier momento, en vigilia o en el sueño; de tal forma, que en mi experiencia profesional conocí personas que durante el sueño, según me comentaron, resolvieron algunas veces, problemas técnicos que tenían días o meses sin poder resolver; en la mañana, al despertar, tenían ya resuelto dicho problema;

hechos que aparentemente son comunes a cierto número de personas - sin buscarlos ni esperarlos; no se buscan, se encuentran, llegan; pero para hacerlos útiles, se necesita la chispa de potencialidad realizadora. Para que una idea genial se convierta en una genialidad, es decir, en un hecho útil, se necesita un instante de inspiración y mucho tiempo de trabajo, trabajo motivado por la chispa interna de capacidad realizadora.

La chispa interior, ese impulso indefinible, de capacidad realizadora, es posiblemente el mayor atributo del talento, sin él ningún otro atributo se puede materializar y ser su soporte. Ese impulso interior, es posiblemente innato, aunque también es posible adquirirlo o aumentarlo dando órdenes al subconsciente de la forma expresada anteriormente, con las diversas técnicas de superación personal mencionadas y así poder poner en la mente, con obstinación y obsesión, la idea de realizar algo y pensar exclusivamente en el triunfo.

En cuanto a lo referente al talento, y después de realizarme un auto examen, me consideré un ser humano normal, quedando más satisfecho que en mi auto valoración como persona, en donde quedé muy subvaluado; considerándome afortunado, que con mi normal talento, tuviera la esperanza de incrementar mi valor absoluto en este mundo, con tal que me lo propusiera.

Al contar con cierto conocimiento de mí mismo y considerar que podía ampliar mis capacidades, me sentí con la legitimidad de iniciar la búsqueda de Dios, primero, por medio de la lectura de la Biblia, pero siempre empleando mi razón.

La Biblia. Breve estudio.

A continuación, una breve síntesis de algunos pasajes de la Biblia, que fueron contradictorios e inaceptables a mi razón, llevando a mi conciencia por derroteros no esperados. Incluye, de vez en vez, comentarios personales.

El Génesis.

Creación del cielo y la tierra.

De acuerdo al Libro del Génesis, Dios creó al cielo y la tierra en siete días; en el primero, creó la luz, el día y la noche; en el segundo, creó el firmamento para dividir las aguas existentes, en unas abajo y otras arriba de él; y Dios llamó cielo al firmamento; al tercer día, Dios creó las plantas; el cuarto creó el sol y la luna; el quinto creó la vida en el mar, las aves y la vida animal sobre la tierra. El sexto día Dios creó al hombre a su imagen y semejanza, para que dominara toda la vida animal sobre la tierra y la vida vegetal, para su dominio y manutención. El séptimo día, Dios descansó.

Este relato creacionista del origen del mundo, es contradictorio, en parte, a las evidencias físicas y científicas del origen de universo, del mundo, de la vida y del hombre.

El relato del primer día del génesis, expresa "hágase la luz; y la luz se hizo" dando origen al cielo y la tierra; coincide con una de las teorías más aceptadas en la actualidad por la comunidad científica, como es la teoría del "Big Bang", en donde se supone que el universo se originó con una gran explosión de energía inconmensurable, a partir de un punto diminuto con altísima concentración de energía, hace aproximadamente catorce mil millones de años, alcanzando temperaturas de millones de grados, e iniciando la formación, primero, de partículas subatómicas, después, de átomos, para posteriormente, condensar en elementos químicos más pesados; llevándose todo esto, en fracciones de segundo, en total confusión y caos, similar al relato bíblico. El Génesis relata, que al principio, creó Dios el cielo y la tierra, en donde todo era confusión y caos; y tinieblas cubrían la faz del abismo; más el espíritu de Dios se movía sobre las aguas. Se entiende en este primer párrafo, que Dios creó primero el cielo y la tierra, pero en la oscuridad y en el caos del abismo, con el espíritu de Dios moviéndose sobre las aguas. <u>La oscuridad y caos del abismo tienen similitud con algún agujero negro primigenio</u>, pero las aguas por donde el espíritu de Dios se movía, son enigmáticas; aunque podrían representar la materia original de dicho agujero negro.

El tiempo bíblico de la creación en seis días, del cielo y la tierra, está muy alejado de aquel reconocido ampliamente en forma científica del origen de la tierra, de cuatro mil quinientos millones de años y el del origen de la vida mil millones de años después y el del origen del hombre de unos dos y medio millones de años, a través de la evolución, a partir de un ancestro en el mar.

Creación del hombre

Dios creó al hombre a su imagen y semejanza, tomando como materia prima el polvo de la tierra, colocando a todos los demás seres vivos a su sumisión y aprovechamiento; concepto muy alejado de la causalidad evolutiva, del respeto, consideración, y del derecho de los demás seres vivos a existir independientemente del hombre y no para su soporte y propósito. Se ignora la posibilidad de la existencia en otros mundos, de otros seres iguales o más inteligentes que el ser humano y que no se parezcan a él. <u>Con arrogancia e ignorancia, se pone indebidamente al hombre como el centro de la Creación.</u>

Creación de la mujer

Dios creó a la mujer de la costilla del hombre, como un ser secundario, derivado, como un apoyo; y para satisfacer su necesidad de compañía. <u>Este proceso de creación de la mujer es la discriminación original, en que se fundamenta, en nuestra civilización, la imperante discriminación a la mujer, ¿Porqué la mujer, no es la imagen y semejanza de Dios?</u> En el paraíso, la mujer incitó al hombre a comer de la fruta prohibida y desde entonces se considera a la mujer como un ser tendiente al mal, algo obviamente injusto e indigno, si se reconoce la naturaleza biológica de la mujer. Dios al castigar su desobediencia, con embarazos, dolores de parto y sometimiento al hombre, confirmó, institucionalizando el sexismo, que la mujer sufre hasta la actualidad. Gen 3.16. La mujer es solo un objeto para los hebreos: al rey David le llevaron a una joven virgen, para que se acostara con él, con el único propósito de reconfortarlo. Cuando dios creó al hombre y a la mujer les ordenó: "sed fecundos y multiplicaos" Gen 1.28. Se entiende que para cumplir esto era menester tener relaciones sexuales, pero después, en el Paraíso, cuando Eva incitó a Adán a tenerlas, Dios los castigó por eso, maldiciendo la tierra y condenando a la humanidad a un destino de sufrimiento, dolor y muerte. Gen 3.17-19. Si el castigo de Dios por obedecerlo fue excesivo, haciéndose evidente su injusticia y contradicción, ¿cuál castigo hubieran merecido Adán y Eva por desobedecerlo y no se hubieran multiplicado?

El Diluvio

Dios, con el diluvio universal, castigó la maldad y violencia de la humanidad en los primeros mil años de su existencia; exterminó con ello, todo ser vivo sobre la faz de la tierra, a excepción de Noé y su familia, arrepintiéndose de haber creado al hombre, y de haberle permitido la depravación de la carne, la maldad y la violencia. Gen 6.6. El arrepentimiento es confirmación de conducta errónea, propia de los seres humanos; Dios, en este caso, es humano, demasiado humano. Dios después del diluvio ordenó, nuevamente; pero ahora, a Noé y familia "creced y multiplicaos", poniendo a su servicio a todos los animales, y como su alimento, a todos los seres vivos. Gen 9.1, 2. Dios instauró la pena de muerte para los asesinos con la sentencia: "cualquiera que derramare sangre humana, por mano del hombre, será derramada su sangre", Gen 9.6.

Los abusos ecológicos, la violación sistemática del principal derecho humano, el derecho a la vida, por la civilización occidental; son basados, en parte, por las anteriores sentencias bíblicas. El hombre no respeta su medio ambiente, ni a los demás seres vivos, porque cree y siente que solo fueron creados para su beneficio y no reconoce que tienen el mismo derecho a existir, dado por la teoría de la evolución.

El hombre post diluviano

Los descendientes de Noé se separaron en tribus y se esparcieron por el mundo. En Ur de los caldeos, vivía Abraham, un descendiente directo de Noé, aproximadamente dos mil años después de la creación del hombre. Dios le prometió hacer de él, una nación grande, bendita, y también benditas en él, todas las tribus de la tierra, maldiciendo a quienes las maldijeran. Gen 12.1-3, pero con la condición de que Abraham y su familia se trasladaran a la tierra de Canaán, así lo hicieron y cuando estuvieron allí, Dios les prometió "a tu descendencia daré esta tierra, desde el río de Egipto hasta el río Eufrates" Gen 12.7, 15-18. Dios prometió esto, a pesar de estar ya habitadas esas tierras, por infinidad de pueblos, escogiendo desde entonces a la futura nación de Abraham, como su pueblo "escogido", con la consecuente injusta exclusión de los demás.

La exterminación por Dios, de todos los varones que no se hayan circuncidado, quebrantando el pacto divino, Gen 18.20, la destrucción de Sodoma y Gomorra por sus pecados y depravación, Gen 18.20 y el intento de sacrificio de Isaac, Gen 22.2 , <u>son actos de crueldad para infundir respeto por el terror y miedo al castigo.</u>

<u>La condición de la mujer, como ser derivado, es desde un principio, de discriminación, de separación de los principales eventos y circunstancias: cuando se cuentan los miembros de una familia, no se toman en cuenta a las mujeres; los hombres toman más de una esposa y varias concubinas, sin importarles sus sentimientos;</u> los hijos que no son de la primera esposa, son considerados de segunda clase, confirmando su incorrecta gestación y todo esto, bendecido por Dios, como en el caso de Abraham Gen 25.2,12.

La cuestión egipcia.

Por envidia, los hermanos de José, hijo de Jacob, nieto de Isaac, bisnieto de Abraham lo vendieron a una caravana ismaelita rumbo a Egipto, donde lo vendieron de nuevo a Pitufar un eunuco del faraón. José fue muy apreciado por Pitufar, hasta que injustamente, la mujer de éste, lo acusó de intento de violación. José fue a la cárcel, en donde se hizo famoso entre los reos, por saber interpretar los sueños. Resultó que una vez, estaban también presos dos ministros del faraón, a los cuales José les supo interpretar sus sueños. Uno de ellos fue rehabilitado por el faraón y cuando éste tuvo necesidad de interpretación de sus sueños, José fue llamado a su presencia, y al tener éxito, el faraón lo nombró virrey de Egipto. Estuvo José algunos años en esa posición privilegiada, administrando Egipto como segundo en el mando. Como José había vaticinado, hubo siete años de abundancia, seguidos de otros siete de carestía. En esos días de hambre, vinieron los hermanos de José a comprar víveres a Egipto por instrucciones de su padre Jacob. José perdonó a sus hermanos y mandó traer a su padre que lo creía muerto, por invitación del faraón. Gen 45.18. Dios dijo a Jacob (Israel): "no temas bajar a Egipto, porque allí te haré padre de una gran nación", "yo bajaré contigo a Egipto y yo te subiré también", Gen 46.3, 4. Fueron setenta personas las que llegaron a Egipto con Jacob, entre hijos, hijas y demás descendencia.

Con el tiempo, el pueblo de Jacob, se multiplicó en Egipto, y después de la muerte de Jacob y José, lo siguió haciendo, "hasta llegar a ser numerosos y fuertes, llenando el país" Ex 1.7. Al ver los egipcios al pueblo de Israel fuerte y poderoso, tomaron precauciones, reduciéndolo a una servidumbre cruel; y para controlarlo aún más, ordenó el faraón matar a todos los varones recién nacidos de padres hebreos. Para evitar la muerte de su hijo varón recién nacido, una madre hebrea, dejó a su hijo en una cesta en la corriente del río, con tan buena suerte, que la hija del faraón lo encontró, dejándolo como hijo propio y lo llamó Moisés. Cuando Moisés era ya adulto, por defender a otro hebreo, mató a un egipcio; hecho que lo obligó a huir al desierto. Ahí se casó, tuvo un hijo y vivió un largo período, durante el cual, el faraón murió; mientras el pueblo hebreo, vivía en la cruel servidumbre en Egipto y rogaba a Dios clemencia. Dios, entonces, se le apareció a Moisés en medio de una zarza, anunciándole la liberación de los sufrimientos del pueblo hebreo en Egipto y lo iba a llevar a una "tierra buena y espaciosa" (Cannán), pero que tenía que ir él, Moisés, a hablar con el faraón. Ex 3.8-10. Moisés dudando le respondió ¿quién soy yo para ir al faraón y sacar a los hijos de Israel de Egipto? Dios le contestó: "no temas, pues yo estaré contigo hasta que saques al pueblo, de Egipto". "Ya sé que el rey de Egipto no os dejará ir, sino será por mano poderosa. Por eso extenderé mi mano y heriré a Egipto con toda suerte de prodigios que obraré allí y después de esto os dejará salir". "Haré que este pueblo halle gracia a los ojos de los egipcios, de modo que cuando partáis, no saldréis con las manos vacías, sino que cada mujer pedirá a su vecina y a la que mora en su casa, objetos de plata y oro, y vestidos, que pondréis a vuestros hijos e hijas, despojando así a los egipcios".

Moisés, después de convencer a su pueblo de su nombramiento divino como su representante ante el faraón, se presentó ante éste para pedirle la salida del pueblo de Israel de Egipto. El faraón se negó en las dos primeras ocasiones, hasta que Moisés, por órdenes de Dios lo amenazó con desatar plagas sobre Egipto, sino aceptaba su petición.

Dios mandó diez plagas sobre Egipto: convirtió el río en sangre, mandó ranas, mosquitos, tábanos, peste al ganado, tumores y llagas, fuego y granizo, langostas, tinieblas y al final la muerte sobre los primogénitos. En cada una de estas circunstancias adversas, el faraón se negaba a la petición de Moisés o aceptaba aparentemente, pero al pasar la plaga se retractaba. La décima plaga fue ya insoportable para los egipcios, pasó el ángel exterminador matando a todos sus primogénitos, incluyendo al del faraón, "con lo que a medianoche se levantó el faraón, todos sus siervos, todos los egipcios y hubo un grande alarido en Egipto, porque no había casa donde no hubiese un muerto". " llamó a Moisés y a Aarón de noche y dijo: ¡ adelante! salid de en medio de mi pueblo, vosotros, y los hijos de Israel, marchaos y bendecidme también a mi"; "los demás egipcios también apuraban a los hebreos para acelerar su salida del país, pues decían: ¡pereceremos todos!. " y los hijos de Israel hicieron según la palabra de Moisés, pidiendo a los egipcios objetos de plata, oro y vestidos", "así despojaron a los egipcios".

"Partieron pues, los hijos de Israel de Ramesés para Sucot cerca de seiscientos mil hombres de a pie, sin contar los niños".

Salió con ellos también mucha gente de toda clase, ganado mayor y menor y muchísimos animales. El tiempo que el pueblo de Israel había habitado en Egipto fue de cuatrocientos treinta años. En ese día Dios instauró la celebración de la Pascua, para recordar de generación en generación la salida de Egipto.

Los hebreos tomaron el camino del desierto, llegando al Mar Rojo, en donde se percataron que los egipcios los venían persiguiendo al arrepentirse el faraón de dejarlos ir. Entonces Dios separó las aguas del mar, dejando pasar al pueblo hebreo y cuando los ejércitos del faraón estaban a la mitad del mar, hizo regresar las aguas violentamente, matando a todos los egipcios. El pueblo de Israel a salvo se internó en el desierto.

Análisis de la cuestión egipcia

Dios planificó la estancia del pueblo hebreo en Egipto a través de las vicisitudes de José y su posterior fortuna como virrey de Egipto, finalizando con la invitación a Jacob y familia por parte del faraón de vivir en su país, siempre con la promesa divina de hacer de los hebreos un gran pueblo, aunque haciéndolos sufrir una cruel servidumbre por parte de los egipcios. Como un acto de clemencia, Dios sacó a los hijos de Israel de Egipto.

<u>A la luz de la razón y la ética contemporánea, el origen y solución de la cuestión egipcia es un acto de manipulación, humano, demasiado humano, apartándose de lo que sería una conducta divina justa y amorosa, pues, primero se crean las circunstancias adversas para los israelíes y después se le solucionan por piedad o por clemencia.</u>

Otro acto similar, es la manipulación de la mentalidad de los egipcios para el beneficio indebido de los hebreos, al convencer Dios a aquellos, de entregar plata, oro y vestidos, a éstos, en su salida de Egipto, lo que en lenguaje llano, es simplemente despojo, como se expresa en el libro del Éxodo.

<u>Es inadmisible a la razón, también, la promesa de Dios de entregar las tierras de Caanán y otras, al pueblo hebreo; tierras que estaban ocupadas ya por otros pueblos y que al realizarse tal promesa, como ocurrió, beneficiaría a unos en perjuicio de otros, sin considerar que todos eran hijos de Dios y descendientes del primer hombre creado por El.</u>

Egipto era posiblemente el país mas poderoso del mundo en la época en la que llegó Jacob y familia, y solo habían pasado 2200 años aproximadamente desde la Creación, por lo que se puede afirmar que era un pueblo muy exitoso, apoyado seguramente por Dios, pues la razón no concibe, que si el pueblo egipcio es también hijo de Dios, no lo hubiera protegido, solo por creer en otra manifestación de él. ¿Por qué entonces Dios perjudicó a los egipcios en beneficio de los hebreos, siendo ambos sus hijos y su creación?

<u>Esa predilección de Dios por el pueblo hebreo fue el origen de la discriminación y el racismo, ejemplo para las generaciones futuras humanas.</u>

Discriminación y racismo en los dos sentidos, hacia y desde el pueblo hebreo, pues existe un principio físico, que se aplica también a las relaciones humanas, que dice: "a toda acción corresponde una reacción, igual, pero en sentido contrario". La acción es la elección por Dios del pueblo hebreo como su "pueblo elegido" y la reacción es el rechazo al pueblo hebreo por los demás pueblos que no fueron elegidos por Dios: egipcios, asirios, babilonios, persas, cananeos, etc., etc.

La mujer, como sino contara o no tuviera valor, se menciona muy poco en el libro del Génesis, al grado que cuando se menciona la salida de Egipto de los seiscientos mil hebreos, sin contar a los niños, fue también, sin contar a las mujeres.

A los tres días de caminar por el desierto, Moisés endulzó las aguas amargas de Mará para que pudiera beber el pueblo, siendo entonces cuando Dios les dio leyes y estatutos con la siguiente consigna: "si de veras escucháis la voz de Yahvé, tu Dios, y haces lo que es recto a sus ojos, dando oído a sus mandamientos y guardando todos sus preceptos, no traeré sobre ti ninguna de las plagas que envié sobre los egipcios".

La Alianza y el Decálogo

Después de hacer caer el alimento "maná" del cielo y de sacar agua de las rocas, Dios dijo a Moisés: "prepara al pueblo porque voy a hacer un pacto con él, pues seréis de entre todos los pueblos mi propiedad particular y seréis para mí un reino de sacerdotes y una nación santa", "le señalaréis al pueblo un límite en torno al Monte Sinaí, para que no suban ni toquen el monte porque morirán. Cuando suene la trompeta entonces subirán al monte". Dios bajó al Monte Sinaí, donde ya estaba Moisés, entre humo, fuego y truenos; y con el sonido de la trompeta, el pueblo estaba apostado al pie del monte. Enseguida, Dios proclamó los diez preceptos que el pueblo debería seguir para no pecar en contra de él:

Los diez Mandamientos

1.- Yo soy tu Dios y en mi únicamente creerás.
2.- No forjarás ídolos, ni te postrarás ante ellos.
3.- No tomarás el nombre de Dios en vano.
4.- Descansarás y santificarás el sábado
5.- Honrarás a tu padre y madre
6.- No matarás
7.- No cometerás adulterio

8.- No hurtarás
9.- No levantarás falso testimonio contra tu prójimo
10.- No desearás la mujer ni las pertenencias de tu prójimo

Al proclamar su primer mandamiento, Dios sentenció: "soy un Dios celoso, que castiga la iniquidad de los padres en los hijos hasta la tercera y cuarta generación de los que me odian, y que uso de misericordia hasta mil generaciones con los que me aman y guardan mis mandamientos". Ex 20.5, 6.

<u>Sentencia que es paradigma de la intolerancia, la injusticia, la manipulación por el terror y de amoralidad. La amoralidad que promueve el sentido de la conducta humana por premios o castigos y cumplir los Mandamientos en espera de un beneficio propio y no como un acto de conciencia puro, una acción volitiva, que implique satisfacción personal y una paz espiritual.</u>

<u>Intolerancia, porque Yahvé no permite la creencia en otros dioses, cosa extraña, porque esos otros dioses, no serían más que manifestaciones diferentes de él mismo, si es que tuviera los atributos de "único", "absoluto" y "omnipresente" indispensables a una divinidad. "Soy celoso", dice Dios. Pero los celos es un sentimiento humano negativo y muy alejado de Dios, que debe ser perfecto.</u>

<u>Injusticia, por que ¿qué culpa tienen los hijos, de las culpas de los padres?</u>

<u>De cualquier forma, estos mandamientos han influenciado en gran medida la moral y costumbres de la civilización occidental hasta nuestros días.</u>

Las leyes dictadas por Dios a Moisés, son inadmisibles a la luz del Derecho y la moral actuales, y son acordes al tiempo en que fue escrito el libro del Éxodo, y a la moral y tecnología existentes en aquel tiempo, obligando a la conclusión que dichas leyes son de origen humano.

Dios está de acuerdo con la esclavitud y promulga en consecuencia leyes relativas a los esclavos Ex 2.1.

Promulga la ley del Talión, es decir, la venganza como principio del Derecho, y haciendo a un lado el principal derecho humano, el de la vida, aplica la pena de muerte por las siguientes causas:

1.- Al que mate queriendo hacerlo.
2.-. El que pegare a su padre o madre.
3.- El que robare un hombre y lo vendiere.
4.- El que maldijese a su padre o madre.
5.- El que afligiere a la viuda o al huérfano, Ex 21. 12, 20,24.
6.- El que ofreciere sacrificios a otros dioses y no a Yahvé.
7.- El que cometiere adulterio, Lev 20.10.
8.- El que se acueste con varón como con mujer, matar a ambos.
9.- El que cometa incesto, Lev 20.12.
10.-El que se ayuntare con bestia, matar a ambos.
11.-Si una mujer se prostituye, Lev 20.12.
12.-El que blasfeme contra Dios.

La pena de muerte es un castigo desproporcionado para todas las faltas anteriores, excepto para la número 1.

La Ley de la primogenitura evidencia claramente la falta de respeto y de valor de la mujer en el Antiguo Testamento Deu 21.15, pues hace ver como una forma normal que el hombre tenga dos mujeres.

Yahvé se equivoca y luego se arrepiente, Ex 32.14 como cualquier ser humano normal.

Dios discrimina cruelmente a las personas con capacidades diferentes - desconociendo sorprendentemente las leyes de la genética, ignorancia inaceptable a Dios, pues las hace ver como creaciones del Maligno - ; a ellos y a todas sus generaciones Lev 21.16, ni siquiera podrán acercarse a los sacrificios en honor a Yahvé.

Dentro de las diversas leyes morales que Yahvé dictó a Moisés se encuentran: "no odies a tu hermano", "no tomes venganza contra los hijos de tu pueblo", "amarás a tu prójimo como a ti mismo" Lev 19.18 lo que está muy bien; sino fuera porque el "prójimo" es solo el pueblo hebreo y los extranjeros que sigan su rito.

La parafernalia del holocausto

Yahvé después de dictar más leyes relativas a las costumbres, a la moral y a la sociedad, instruyó a Moisés para los sacrificios u holocaustos de animales en su honor, indicándole también: "di a los hijos de Israel que me traigan una ofrenda. Estas son las ofrendas que tomaréis de ellos: oro, plata, bronce, jacinto, púrpura, carmesí, lino fino, pieles, madera, aceites, etc., etc.". Pidió también Yahvé le construyeran diversos muebles, artículos y obras para realizar los cultos o ritos en su honor: el arca para guardar las Tablas de la Ley, el Propiciatorio, la mesa de los Panes de la Proposición, el Candelabro de Oro, el Tabernáculo, el Altar de los holocaustos, el Atrio y las vestiduras sacerdotales. Ex 25. 28. Dictó después, el protocolo para la consagración de los sacerdotes, estirpe que iniciaría con Aarón y sus hijos. Instauró el sacrificio perpetuo de los corderos primales, cada día con pan, aceite y vino. Después que Moisés y su pueblo hicieron todas las cosas que su dios les había ordenado para su culto, una nube cubrió el Tabernáculo de la Reunión, llevando la gloria de Yahvé a la morada. Ex 29. Desde entonces fue una señal; el pueblo de Israel no marchaba hasta que esa nube no se levantaba. Enseguida dictó las leyes del culto; explica que los holocaustos son sacrificios de animales en su templo, detalla lo que se debe hacer con los restos de las víctimas, separando una parte para Aarón y sus hijos que son los sacerdotes. Lo mismo es para las ofrendas de harina y pan. Enumera todos los tipos de sacrificios y sus protocolos: los sacrificios pacíficos - para conservar y confirmar la paz con Yahvé - , el sacrificio por el pecado del pueblo, por el pecado de un príncipe, por el pecado de un particular, por diversas clases de pecado, por delito, el sacrificio perpetuo, etc. , etc.

La porción de la víctima para Aarón y sus hijos es "un derecho perpetuo de generación en generación".

Dentro de otras leyes y preceptos destacan las siguientes: la de las primicias, que obliga a donar a los sacerdotes las primicias de las cosechas del pueblo, así como los primogénitos de su familia y de sus ganados Lev 23. 9. La de las irregularidades donde niega por siempre a las personas con defectos o discapacidades físicas el ingreso al sacerdocio Lev 21. 16. La ley del Talión "ojo por ojo y diente por diente". Lev 24. 20. La de los diezmos, en donde el diezmo entero de la tierra y del ganado será consagrado a Yahvé, Lev 30.32, es decir, será donado a los sacerdotes.

Análisis del culto y su parafernalia

El holocausto o sacrificio de animales y las oblaciones de ofrenda a Dios, no causan ningún sacrificio físico o mental al oferente, más que en su economía.

El derramar sangre cotidianamente en el altar y a veces, sobre el pueblo, son acciones insalubres, de ignorancia, a la luz de la tecnología actual.

La exuberancia y riqueza de los artículos, obras materiales y detalles en la construcción de los recintos sagrados fue ordenada para dar gran solemnidad al culto y causar en el pueblo admiración, respeto y aprensión. El elaborado protocolo de las leyes del culto sirve para los mismos propósitos.

<u>Es obvio, que toda esa complejidad en los recintos sagrados y en las leyes del culto, enunciados en los libros del Exodo y Levítico tienen el propósito de formar una clase sacerdotal con grandes privilegios y gran autoridad, para avasallar y manipular al pueblo, en su beneficio.</u>

Las actitudes y palabras que los autores de esos libros pusieron en Yahvé, son humanas, demasiado humanas, y no corresponden a una divinidad.

<u>Yahvé tiene sentimientos como los humanos, es iracundo, celoso, tiene deseos de venganza, se equivoca, se arrepiente Ex 32.14, tiene asco, es injusto, es cruel, discrimina por sexo, por defectos físicos, por homosexualidad, Lev 21.16, contradictorio, pues la venganza se la permite a sí mismo, pero no a los humanos. Lev 19.18, amenaza e intimida para causar terror y dominio.</u>

Las leyes de las primicias, del diezmo, del holocausto perpetuo y en fin, de todos los sacrificios y oblaciones, <u>son para manutención y beneficio de los sacerdotes y dirigentes del pueblo hebreo, ejemplo que han seguido la mayoría de las religiones hasta la actualidad.</u>

Cuando Yahvé da instrucciones a Israel para cuando entre a la "tierra prometida", les ordena que no hagan alianza, ni se mezclen con ningún pueblo para que no se contaminen con sus costumbres y sus dioses, quiere que su "pueblo elegido" se mantenga puro, que no se integre nunca en cualquier país que habitare. Ex 43.11; pretexto que da paso, a la primera acción documentada en la historia, de racismo y xenofobia.

En Lev 19.18 Yahvé menciona: "amarás a tu prójimo como a ti mismo", sentencia sorprendente, pues es la ley moral perfecta, síntesis de la kantiana; solo que para Yahvé, no se aplica universalmente, como debería ser, porque "prójimo", es solo el pueblo hebreo.

La mujer tiene siempre un rol secundario, por no decir nulo, en la parafernalia del holocausto, podría tener labores menores en las afueras de las instalaciones sagradas, pero nunca como sacerdotisas. La subvaluación de la mujer es claramente explícita en Lev 27. 4-6, en donde, refiriéndose al rescate de personas por los votos ante Dios - voto es un acto donde se promete a Dios alguna cosa o persona - se valúa a la mujer por la mitad del valor del hombre. "La valuación del varón será de veinte siclos y para la mujer de diez siclos, la valuación para un niño será de cinco siclos y para una niña de tres siclos de plata" Lev 27. 5.

La realización de los holocaustos lleva implícita la seguridad de su continuidad, pues además de no representar ningún sacrificio físico o mental para el oferente, solo económico, los restos de las víctimas servían como sus alimentos, Lev 19. 6 en compañía de los sacerdotes y demás personas presentes; por lo que los holocaustos llevaban implícitos la satisfacción del muy necesario placer de comer, asegurando su continuación, con el beneplácito de la clase sacerdotal.

La única diferencia visible de un holocausto en un recinto sagrado y de un banquete en una casa particular, sería, que el primero era en honor a Yahvé, y el segundo, gracias a Yahvé, lo que al final sería lo mismo. No existe diferencia esencial del holocausto con los millones de sacrificios que se realizan cotidianamente en todas las granjas del mundo, en donde se matan animales para comer, y siempre dando, en la mayoría, gracias a Dios.

La terminante prohibición de realizar holocaustos en casas particulares u otros sitios, evidencia, el temor de los sacerdotes a perder, por esto, dominio, beneficios y autoridad. Lev 17. 3, 4. Esto explica también la existencia de los numerosos templos de todas las religiones en nuestros tiempos.

La tierra prometida

En el segundo año de la salida de Egipto y después de haber construido los artículos y recintos sagrados e institucionalizado la parafernalia del holocausto; y promulgar las diversas leyes, el pueblo hebreo, a la señal correspondiente de la nube alzada, parte nuevamente por el desierto hacia la tierra prometida.

Desde los tiempos de los patriarcas Abrahán, Isaac y Jacob, Yahvé había nombrado al pueblo hebreo como su "pueblo elegido" para ser su protector, sacarlo de la cruel servidumbre egipcia, y le había prometido llevarlo a una tierra que "mana leche y miel" y hacerlo allí, un pueblo numeroso y fuerte; esa tierra era Canaán, ocupada desde hacia muchos siglos ya por numerosos pueblos.

En tiempos de Moisés y de Josué, reiteradamente, Yahvé prometió esa tierra, haciendo y rehaciendo la Alianza con el pueblo de Israel, con la petición de fidelidad y fe en él. Invariablemente en cada ocasión que Yahvé se dirigió a su pueblo, le recordaba su clemencia de haberlos sacado de Egipto, y les exigía fe por esa razón.

La forma de tomar y conquistar la "tierra prometida" por el pueblo hebreo, fue descrita por Yahvé de diversas maneras:

1.-"En aquel día hizo Yahvé alianza con Abraham diciendo: a tu descendencia, he dado esta tierra, desde el río de Egipto, hasta el río grande, el Éufrates". Gen 15. 18.

2.-"Isaac, vive como extranjero en este país y yo estaré contigo y te bendeciré, porque a ti y a toda tu descendencia daré todas estas tierras". Gen 26. 3

3.- A Jacob: "de ti nacerá una gran nación y una multitud de naciones, la tierra que di a Abraham y a Isaac, te la daré a ti; a tu posteridad después de ti daré esta tierra". Gen 35. 12.

4.-Al pueblo de Israel: "cuando Yahvé, tu Dios, te haya introducido en la tierra que juré a tus padres, Abraham, Isaac y Jacob daría con ciudades grandes y espléndidas, que tú no has edificado, casas llenas de toda suerte, que tú no acumulaste, cisternas excavadas, que tú no excavaste, viñas y olivares que tú no plantaste y cuando comieres y te hartares, guárdate entonces de olvidarte de Yahvé, que te sacó de la tierra de Egipto, de la casa de la servidumbre. A Yahvé tu Dios, temerás, a el solo servirás y por su nombre jurarás". Deu 6. 10, 13.

5.-"Cuando Yahvé, tu Dios, te haya introducido en la tierra adonde vas para poseerla, y haya expulsado de delante de ti a muchos pueblos, más grandes y más fuertes que tú y cuando Yahvé, tú Dios, los haya puesto en tu mano y tú los hayas derrotado, les destruirás por completo; no pactarás con ellos, ni les tendrás compasión y no contraerás matrimonio con ellos". Deu 7. 1-3.

6.-"Porque Yahvé, tu Dios, va a introducirte en una tierra buena, tierra de torrentes de agua, de fuentes y manantiales profundos que brotan en los valles y en las montañas; tierra de trigo y cebada, de viñas, de higueras y granados, tierra de olivos, aceite y miel, tierra en que sin escasez comerás el pan y no carecerás de nada, tierra cuyas piedras son de hierro y de cuyas montañas sacarás el bronce. Comerás y te hartarás, y bendecirás a Yahvé, tu Dios, por la buena tierra que te ha dado". Deu 8. 7-10.

7.-"Yahvé expulsará de delante de vosotros a todos tus pueblos enemigos y dominarás naciones más grandes y fuertes que vosotros. Todo lugar que pise la planta de vuestro pie, será vuestro. Se extenderán vuestros confines desde el desierto, hasta el Líbano, desde el río de Egipto, hasta el río Éufrates y hasta el mar occidental. Nadie podrá mantenerse ante vosotros, Yahvé, vuestro Dios, esparcirá, como os lo ha dicho, el terror y espanto de vuestro nombre, sobre toda la tierra que pisaréis". Deu11. 23-25.

8.- Moisés al pueblo: "armad de entre vosotros gente para la guerra y salgan contra Madián, para ejecutar la venganza de Yahvé contra Madián". "Marcharon pues, contra Madián, como Yahvé había mandado a Moisés y mataron a todos los varones". "Matad ahora a todo varón entre los niños, matad también a toda mujer que haya conocido varón, pero todas las niñas que no han conocido varón, reservarlas para vosotros". Num 31. 3, 7, 17.

El pueblo hebreo dudó del poder de Yahvé al pasar tanto sufrimiento y escasez de agua y alimento en el desierto, haciéndose merecedor de la ira y castigo de Dios, condenando al pueblo de Israel a vagar cuarenta años por el desierto, con el propósito de que muriera toda esa generación que había salido de Egipto, permitiendo entrar a la "tierra prometida" solo a las personas menores de veinte años, a Caleb y a Josué. Num 14. 29, 30.

Después de la muerte de Moisés, Dios dio a José el mando del pueblo hebreo dándole la orden de entrar a tomar la "tierra prometida". "todos los lugares que pisare la planta de vuestros pies, a vosotros os los doy, como he prometido a Moisés. Vuestros términos serán desde el desierto, al Líbano, y al río grande, el Éufrates, toda la tierra de los heteos y hasta el mar grande. Nadie podrá resistir ante ti en todos los días de tu vida…". "Porque tú darás a este pueblo en herencia el país que yo juré a sus padres que les daría.".

Josué y su pueblo cumplieron al pie de la letra las órdenes dadas por Yahvé, pues contaban con toda su protección y poder; fueron conquistando, uno a uno, todos los pueblos asentados en la "tierra prometida", haciendo con ellos el anatema, el exterminio total de sus habitantes, pasando a todos al filo de la espada, sin compasión, tal como les había ordenado Yahvé, inclusive niños, ancianos, discapacitados, enfermos, etc.

Yahvé dejó algunos pueblos y ciudades sin conquistar, para que el pueblo de Israel, viviera entre ellos y así poder probar su fidelidad.

Después de conquistar la "tierra prometida" el pueblo hebreo vivió poco tiempo en paz, obviamente, pues se sucedieron una serie de levantamientos y ataques de pueblos vecinos, como una reacción natural a su conquista. Reacciones que el pueblo hebreo consideraba castigos de Yahvé, y así éste se los dejaba saber, que dichos castigos eran por sus periódicas apostasías generacionales. Algunas o todas las tribus de Israel cambiaban en ocasiones de conquistadores a conquistados; repitiéndose esto a través de los siguientes siglos.

Algunos hechos en la conquista de la "tierra prometida".

En la toma de la ciudad de Jericó: "…y tomaron la ciudad; y consagraron al anatema cuanto había en la ciudad, hombres, mujeres, niños y viejos, bueyes, ovejas y asnos". Jos. 5. 20.

Yahvé castigó al pueblo hebreo con una derrota a manos de otro pueblo, por causa de Acán, un hebreo que había robado objetos y dinero en la caída de Jericó. Cesó la ira de Yahvé cuando Josué y con él, todo Israel, tomaron a Acán, a toda su familia y sus animales y posesiones y los apedrearon y luego los quemaron. Jos 7. 25.

En la toma de Hai: "cuando Israel hubo matado a todos los habitantes de Hai, en el campo, en el desierto, a donde aquellos los habían perseguido, y todos ellos hasta el último, hubieran sido pasados a cuchillo, se volvió todo Israel contra Hai y pasóla al filo de la espada". "El total de los que cayeron en aquél día fue de doce mil, entre hombres y mujeres". Jos 8. 24, 25.

Después Josué y el pueblo de Israel tomó y pasó al filo de la espada, efectuando el anatema ordenado por Yahvé, a todos los pueblos del sur, sin dejar ni un alma con vida: Maqueda, Libná, Laquís, Eglón, Hebrón y Dabir. "Así batió Josué el país: la montaña, el Nígueb, la Setelá y las vertientes, con todos sus reyes, sin dejar quien escapase, y consagrando el antema a todo ser viviente. Batióles Josué desde Cadesbarnea hasta Gaza y a todo el país de Gosen, hasta Gabaón". Jos 10. 40, 41.

Después de esto, todos los reyes del norte de Palestina se coligaron para atacar a Israel, pero fueron derrotados. "Josué tomó todas las ciudades de aquellos reyes y a todos sus reyes, los pasó al filo de la espada y ejecutó en ellos el anatema, como la había ordenado Moisés, siervo de Yahvé,.... A todos los hombres los pasaron al filo de la espada, hasta exterminarlos, sin dejar ninguno con vida".

Tomó, pues, Josué todo el país: la montaña, todo el Négueb, toda la tierra de Gosen, la Sefalá, el Arabá, y la montaña de Israel, con su llanura, desde la montaña desnuda, que sube hacia el Seír, hasta Baalgad, en el valle del Líbano, al pie del monte Hermón. Todas las ciudades fueron tomadas a mano armada, excepto Gabaón, por haberse sometido voluntariamente, y fueron consagradas al anatema, sin ninguna compasión, tal y como lo quería Yahvé.

Cuando Josué era ya viejo, Yahvé le dijo: "queda mucha tierra todavía por conquistar". Esa tierra era la de los filisteos, cananeos, aveos, sidoneos, amorreos, el país de los gebalitas, y todo el Líbano al oriente, desde Baalgad hasta Hamat. Yahvé ordenó repartir esa tierra, por suerte, a Israel para herencia suya, entre todas las tribus y prometió arrojar a esos pueblos delante de Israel y exterminarlos.

Por generaciones hubo guerras entre Israel, ya fuera con otras tribus hebreas, ya con los pueblos pendientes de conquistar o con pueblos de los ya conquistados que se levantaban, todo por los castigos de Yahvé a las infidelidades y apostasías del pueblo hebreo, que era muy conciente de ello.

"En un principio Israel no pudo conquistar Jerusalén – Jebús, ciudad de los hebreos- de manera que los jebuseos habitaban con los hijos de Judá en Jerusalén". Jos.15. 63.

Tuvo que surgir el rey David, rey de todo Israel y de Judá para conquistar Jerusalén y hacerla su ciudad capital. Rey 11. 5, 7.

La época de oro del pueblo de Israel, fueron los reinados de David y Salomón. El rey David dominó gran parte de la "tierra prometida", que todavía estaba sin conquistar. Venció a los filisteos, moabitas, sobalitas, sirios, amonitas, etc., "y Yahvé hizo triunfar a David dondequiera que fue". Rey 11. 8, 16.

Con el rey Salomón, el pueblo hebreo alcanzó el máximo esplendor, poder y respeto, se casó con la hija del faraón y tuvo paz en casi todo su reinado, construyó el gran templo de Yahvé en Jerusalén y fue famoso por su sabiduría y riquezas. Tanto David, como Salomón tuvieron innumerables esposas y concubinas con el beneplácito de Yahvé.

Por problemas de celos y de poder, el pueblo hebreo se dividió en Israel y Judá, durando este cisma por siglos.

Después de Salomón, Israel y Judá, continuaron siendo gobernados por diferentes reyes, que se enfrentaron en las acostumbradas guerras con sus vecinos o sometidos, hasta ser vencidos en forma definitiva por asirios, babilonios, griegos y romanos.

Yahvé castigó con esas derrotas y sufrimientos la desobediencia e infidelidad que el pueblo hebreo cometía al adorar a otros dioses y asimilar otras costumbres, y en general, pecar en contra de la ley de Dios.

El pueblo hebreo vivió cargando con sus culpas y castigos en todos los países que lo sometieron.

    Comentarios sobre el Antiguo Testamento.

Después de haber leído y releído muchos de los párrafos del Antiguo Testamento, creí haber comprendido, al menos someramente, algunos de los fundamentos religiosos y morales de la vida en la cual crecí.

Me sorprendí sobremanera, hasta el punto de considerar increíble e inadmisible a mi razón, la gran diferencia, de tales bases o fundamentos, con la ciencia y pragmatismo de mi vida real.

El génesis bíblico del mundo no puede ser admitido por mi razón más que en el inicio instantáneo de la luz, luz equivalente a energía y materia, proceso similar al científico, aceptado en parte, en la actualidad por la teoría del "Big Bang", pero no así el resto del proceso que contradice a la teoría de la evolución; y mucho menos, al papel secundario, derivado, humillante e injusto de la creación de la mujer.

De los diez mandamientos bíblicos, pienso que solo la mitad son necesarios para la buena convivencia entre los seres humanos: honrarás a tu padre y madre, no matarás, no levantarás falso testimonio, no cometerás adulterio y no hurtarás. Con el primero y segundo mandamiento no puede mi razón estar de acuerdo. Los mandamientos "no tomarás el nombre de Dios en vano" y "no desearás la mujer de tu prójimo" caen dentro de la esfera del pensamiento y del intento, y mientras no cause daño a terceras personas no deben ser consideradas violaciones graves a la moral, pues son parte del derecho al libre pensamiento y expresión. El mandamiento "descansarás y santificarás el sábado" fue instituido para que el pueblo fuese más fácilmente avasallado y extorsionado por la clase sacerdotal, pues se tendría un lugar específico y todo un día a la semana para ello. Aunque posteriormente, fue útil para la clase trabajadora, que se sirvió de este descanso semanal para lograr poco a poco los necesarios descansos en los trabajos, con los consecuentes beneficios en salud y productividad.

La vida después de la muerte en el Antiguo Testamento

Yahvé no prometió la vida eterna, ni el cielo, como premio a su obediencia, a nadie; solo los bendice dándoles bienes materiales, tierras y multiplicación de su descendencia, haciendo de la supervivencia del pueblo hebreo, aparentemente, el fin último, de los hombres sobre la tierra. En el Antiguo Testamento no se dice "se fue al cielo", solo se dice, que, "se fue a reunirse con su pueblo o con sus padres". A Noé, Jacob, José, Moisés, Josué, David, Salomón, etc. no les prometió tampoco la resurrección. En todos los pactos con el pueblo hebreo, Yahvé no promete la resurrección, la vida eterna, ni el cielo en su compañía; aunque en Isa 25. 8 dice en forma aislada, que "Yahvé destruirá la muerte para siempre".

En la Alianza en el Sinaí, Yahvé les dio los diez mandamientos y ofreció solo hacer del pueblo hebreo una nación santa, eliminar sus enemigos y darles la "tierra prometida", multiplicar sus descendientes en innumerables pueblos y larga vida en la tierra, pero no la resurrección, ni la vida eterna a su lado.

Yahvé arrebató a Elías al cielo Rey IV. 2, 11, aparentemente solo para manifestar su poder, pues Eliseo, compañero de Elías no quería que Elías se fuera, como que ser arrebatado al cielo, fuera cosa no deseable.

La salvación para los hebreos, es la terminación de la sumisión a otros pueblos y no la vida eterna, por eso el Mesías - el ungido - es un redentor y libertador futuro de Israel, un ser poderoso, guerrero, vengador y aniquilador de los enemigos del pueblo de Israel y es esperado por él.

El Dios bíblico no es el verdadero Dios.

Dios padre, Yahvé, el Dios del Biblia, se encuentra muy alejado, de lo que mi razón y mi intuición deseaba: un Dios siempre bueno, todo amor, totalmente carente de las debilidades humanas, de los sentimientos y pasiones del hombre. Un Dios acorde a la moral, a la ética, con la que dirigía mi vida real y legal, que sirviera como ejemplo para el hombre, y éste tuviera el ideal de alcanzar los pensamientos y conducta de Dios. Pero debido seguramente a los autores humanos de los libros bíblicos, y no a la verdadera esencia de Dios, que pusieron palabras inadmisibles, desde el punto de vista ético, en la boca de Yahvé y sus profetas, el concepto de Dios bíblico me lleva a la conclusión, que ese no puede ser el verdadero Dios.

Mis principales razones para expresar esto son:

1.- En Yahvé está el paradigma del racismo; el racismo nació cuando escogió un solo pueblo como "su pueblo", haciendo a un lado a otros pueblos existentes sobre la tierra, que no eran pocos; sino todos, excepto uno.

2.- Yahvé es intolerante en grado extremo, no acepta la diversidad natural del hombre en pensamientos, opiniones y creencias. El castigo por apostasía, la muerte, es desproporcionado.

3.- Yahvé ejemplo de la injusticia, castiga las fallas o pecados, sobre todo de los personajes importantes, con sufrimiento y antema a sus descendientes hasta la tercera o cuarta generación, castigando en los hijos los pecados de los padres.

4.- Dios es iracundo y en extremo celoso, no acepta deslealtades, desobediencias, ni a otros dioses.

5.- Yahvé practica reiteradamente una crueldad infinita. Ordena llevar al anatema, sin ninguna compasión, es decir, la aniquilación por sufrimientos y muerte a todos los pueblos, cuyas culpas únicas, eran no creer en él y poseer las tierras que había prometido a "su pueblo"; incluyendo mujeres, niños, ancianos y hasta los animales. Despoja a un pueblo en beneficio de otro.

6.- Yahvé es manipulador y extorsionador. Manipuló las mentes del pueblo egipcio para que éste pensara positivamente hacia el pueblo hebreo y así pudiera salir de Egipto con grandes bienes donados por los egipcios, en una franca acción de despojo, por no decir robo. Chantajea repetidamente Yahvé al pueblo hebreo, recordándoles que los sacó de Egipto, salvándolos del sufrimiento de la sumisión, siendo que esta circunstancia había sido propiciada y ordenada por él mismo a través de Jacob.

7.- Yahvé es humillantemente sexista; pone a la mujer como un ser derivado, secundario, con poco valor, fuente de maldad, como en el caso de Eva y Dalila, y de daño, como con la menstruación. No respeta los sentimientos de la mujer, y la considera algo menos que un objeto, para el beneficio y placer del hombre, al permitir numerosas esposas y concubinas, principalmente a los patriarcas. No permite mujeres sacerdotes, amén de muchos otros medios de discriminación sexista. Ordena que el hombre domine a la mujer.

8.-Paradigma también de discriminación y xenofobia es Yahvé; discrimina por raza, por religión, por sexo, por defectos físicos, por preferencia sexual, por bastardía, etc.

9.- Yahvé dice "mía es la venganza" y lo transmite en la Ley del Talión, "ojo por ojo y diente por diente".

10.- Impone penas totalmente desproporcionadas, a la vista del Derecho actual, pena de muerte por apostasía, por homosexualidad, por prostitución, por adulterio, por sodomía, etc., etc.

11.- Yahvé es amoral desde el punto de vista de la ética kantiana, que en su ley moral dice: "actúa de tal manera, que los motivos que te lleven a obrar, puedas tú querer que sean una ley universal", que tiene una gran vigencia en el Derecho y moral actuales y expresa que las acciones humanas, buenas o malas, que realice el ser humano, deben ser por motivos de conciencia, con el fin de estar satisfecho y en paz consigo mismo, deseando que sean de aplicación universal y que se apliquen inclusive a uno mismo, y no por miedo a un castigo o por el deseo de un beneficio. Yahvé insiste atemorizando al pueblo hebreo en que le sea fiel, porque sino recibirá un gran castigo o en su caso, un beneficio, como recibir la "tierra prometida". La sumisión por el terror y la fidelidad por el beneficio es una actitud claramente amoral.

12.-La vida que se relata en el Antiguo Testamento, las costumbres, moral, tecnología, etc., son acordes a su época y todo lo que dice y actúa Yahvé, también; por lo que es obvio, que todo lo escrito en la Biblia fue pensado por humanos, nacidos en esa época, y no precisamente inspirados por Dios. No encuentro ningún resquicio, ninguna posibilidad de que Yahvé pusiera allí algún elemento para que la Biblia se fuera adecuando a las épocas posteriores, aunque fuera en interpretaciones subjetivas; como debería haber sido, creo yo, si realmente hubiera sido inspirada por un Dios.

13.- Yahvé es incomprensible, contradictorio, incierto, primordial fuente de la incertidumbre.

14.-La máxima, "ama a tu prójimo como a ti mismo" sería correcta, sino fuera porque "el prójimo" es solamente el pueblo hebreo.

15.- Yahvé tiene como uno de sus principales atributos el ser vengativo.

No encontrando satisfacción a mi razón, ni a mi espíritu, en la búsqueda de Dios en el Antiguo Testamento, pero tomando gran ventaja en la implícita incertidumbre de su

Dios - incertidumbre, que por otra parte, es la fuente de la superación, dado que la fe y seguridad absolutas es parálisis y estancamiento -, me encaminé a leer el Nuevo Testamento, con poca esperanza de encontrar allí a un Dios comprensible y razonable; pues si el fundamento del Nuevo Testamento y del cristianismo es el Antiguo Testamento; y éste, a mi juicio, es inadmisible, todo lo demás también lo es; pero aún así tuve la esperanza de estar en el error.

Inicié la lectura del Nuevo Testamento buscando a Dios, pero no sin antes preguntarme. ¿Cuáles deben ser los atributos de un ser para ser considerado Dios?

Pregunta difícil de contestar, por lo que pensando de nuevo, "no hay nada nuevo bajo el sol", me di a la tarea de leer filosofía, encontrando que los atributos del ser en sí, del verdadero ser, que se puede considerar Dios, de Parménides, son: único, eterno, inmutable, infinito e inmóvil; complementados con absoluto, omnipresente, omnipotente, omnisciente y perfecto.

¡Vaya! ¡Que los atributos racionales de Dios son difíciles de llenar!

Sabiendo qué atributos buscar en Dios, sentí que se había iluminado mi camino, acotándolo.

A continuación, un breve estudio del Nuevo Testamento, con transcripciones o síntesis de algunos párrafos y comentarios personales.

El Nuevo Testamento

En el Antiguo Testamento aparece en reiteradas ocasiones, la figura de un Mesías, - el ungido - un redentor, un libertador futuro del pueblo de Israel que aparecerá para crear un reino de justicia y felicidad. Será un enviado de Yahvé, guerrero, poderoso, vengador, aniquilador, que llevaría al antema a todos los enemigos de Israel, que dominará al mundo y convertirá todos los pueblos a Yahvé. Tiene muchos nombres el Mesías: el pimpollo de Yahvé, retoño del tronco de Isaí, Siervo de Yahvé, vástago justo de David, etc., etc. Nacerá de una virgen, Isa 7.14 a una señal del Señor mismo y se llamará Emmanuel - "Dios con nosotros"-.

Evangelio según San Mateo

El niño Dios

Este evangelio fue escrito aproximadamente a la mitad del siglo I después de Cristo, a solo veinte años de su muerte, por Mateo, empleado del gobierno hasta que lo llamó Jesús diciéndole "sígueme" y Mateo lo siguió, haciendo de su vida un apostolado.

Mateo al escribir su evangelio, lo hizo con el propósito de demostrar que Jesús es el esperado Mesías tan anunciado por los profetas en el Antiguo Testamento, por lo que inicia su testimonio, explicando el linaje de Jesús desde Abraham, en cuarenta y dos generaciones, hasta José esposo de María. Dice Mateo que para que se cumpliese la palabra del Señor y que el Salvador naciese de una virgen, el Espíritu Santo concibió a María, sin que ésta "conociese" a José su esposo. Un ángel le pidió a José que recibiera a María porque "su concepción es del Espíritu Santo" y tendrá a un hijo que "salvará a su pueblo de sus pecados"; María dio entonces a luz un hijo al que le puso por nombre Jesús.

<u>Si José no es el padre biológico de Jesús, ¿porqué entonces el énfasis en su genealogía, que se remonta hasta a Abraham?</u>

<u>Si Jesús tuvo un nacimiento, entonces su vida, su existencia, tiene un principio y por tanto, no es eterna.</u>

Los Reyes Magos

Tres magos de oriente llegaron a Jerusalén y preguntaron al rey Herodes por el recién nacido rey de los judíos, Herodes se turbó y planeó desde entonces matar a Jesús. Los magos adoraron al niño Jesús y partieron sin comunicar a Herodes su asentamiento. Herodes iracundo mandó matar a todos los niños de la comarca de dos años para abajo. Un ángel del señor avisó a José para que la sagrada familia huyera a Egipto y así salvar la vida al niño Jesús. Después de la muerte de Herodes, María, José y Jesús volvieron a Israel, estableciéndose en Nazaret, donde vivió Jesús hasta la vida adulta.

El bautismo de Jesús

Apareció entonces Juan el Bautista, que bautizaba al pueblo por inmersión en el río Jordán, confesando sus pecados y diciendo: "arrepentíos porque el reino de los cielos está cerca".

Bautizado Jesús por Juan "Salió al punto del agua y he aquí, que se abrieron los cielos y se vio al Espíritu de Dios, en figura de paloma, que descendía y venía sobre Él, y una voz del Cielo decía: este es mi hijo, el amado, en quien me complazco".

Por el bautismo y por haber recibido el Espíritu Santo, Jesús fue nombrado hijo de Dios. Jesús por tanto, es también Dios, pues tiene la misma esencia de Dios Padre y del Espíritu Santo, pero con diferente forma y expresión.

<u>Muy temprano en mi estudio me di cuenta, que si Jesús es también Dios, con la misma esencia de Yahvé, entonces</u>

adolece de sus mismos defectos y que sería muy difícil convencer a mi razón de lo contrario.

El Sermón de la Montaña

Después que Jesús salió airoso de todas las tentaciones que le impuso el Diablo, comenzó a predicar por toda la Galilea "arrepentíos porque el reino de los cielos está cerca". Al pasar por donde estaban unos pescadores les dijo: "venid en pos de mi y os haré pescadores de hombres", al instante lo siguieron Simón, el llamado Pedro, Andrés, su hermano y otros dos hermanos, Santiago y Juan, hijos de Zebedeo.

Deambuló Jesús por toda la Galilea enseñando en las Sinagogas y sanando toda suerte de enfermedades, adquiriendo gran fama y siguiéndole grandes muchedumbres. Al ver tal muchedumbre en su derredor Jesús subió a la montaña y pronunció un sermón: "Bienaventurados los pobres en el espíritu, porque a ellos pertenece el reino de los cielos. Bienaventurados los afligidos porque serán consolados. Bienaventurados los mansos, porque heredarán la tierra. Bienaventurados los que tienen hambre y sed de justicia porque serán hartados. Bienaventurados los que tienen misericordia, porque para ellos habrá misericordia. Bienaventurados los de corazón puro, porque ellos verán a Dios. Bienaventurados los pacificadores, porque serán llamados hijos de Dios. Bienaventurados los perseguidos por causa de la justicia, porque a ellos pertenece el reino de los cielos. Dichosos seréis cuando os insultaren, cuando os persiguieren, cuando dijeren mintiendo todo mal contra vosotros, por causa mía. Gozaos y alegraos, porque vuestra recompensa es grande en los cielos, pues así persiguieron a los profetas antes de vosotros" Mat 5.1-12.

"No vayáis a pensar que he venido a abolir la Ley y los Profetas. Yo no he venido para abolir, sino para dar cumplimiento". Mat 5. 17.

"Oísteis que fue dicho: ojo por ojo y diente por diente. Más yo os digo: no resistir al que es malo, antes bien, si alguien te abofeteara en la mejilla derecha, preséntale también la otra. Y si alguno te citare ante el juez para quitarte la túnica, abandónale también tu manto. Y si alguno te quiere llevar por fuerza una milla, ve con él dos. Da a quien te pide, y no vuelvas la espalda a quien quiera tomar prestado de ti. Oísteis que fue dicho: amarás a tu prójimo y odiarás a tu enemigo. Más yo os digo: amad a vuestros enemigos y rogad por los que os persiguen". Mat 5. 38-44.

Esta parte del sermón de la montaña, es paradigma de la compasión, del amor al prójimo, de bondad y de caridad, pilares del cristianismo. Si tan solo Jesús hubiera sido congruente con ello, pero se contradice frecuentemente.

"Cuando quieras orar entra en tu aposento, corre el cerrojo de la puerta y ora a tu Padre que está en lo secreto, con pocas palabras". Mat 6. 6.

"No amontonéis tesoros en la tierra, amontonaos tesoros en el cielo, porque allí donde está tu tesoro, también estará tu corazón". Mat 6. 19-21.

"Por esto os digo: no os preocupéis por vuestra vida, qué comeréis, o qué beberéis, ni por vuestro cuerpo, con qué lo vestiréis,…. porque todas estas cosas las codician los paganos. Vuestro padre celestial ya sabe que tenéis necesidad de todo eso. Buscad pues, primero el reino de Dios y su justicia, y todo eso se os dará por añadidura. No os preocupéis entonces, del mañana. El mañana se preocupará por sí mismo, a cada día le basta su propia pena". Mat 6. 25-34.

<u>Si esto significa no os preocupéis, sino ocúpate de tus necesidades y deseos, estaría correcto, pero si significa no os preocupéis, ni ocúpate de ellas, entonces sería muy lamentable, pues induciría a la indolencia, al conformismo y a la carencia del deseo de superación y progreso, factores que han llevado a la humanidad a tan grandes alturas en la ciencia y el conocimiento, y al abatimiento de la pobreza y el sufrimiento en el mundo.</u>

"No juzguéis, para que no seáis juzgados". Mat 7. 1.

"Guardaos de los falsos profetas, los conoceréis por sus frutos". Mat 7. 15.

"No todo el que me dice Señor, Señor, entrará en el reino de los cielos, sino el que hace la voluntad de mi Padre celestial. Muchos me dirán aquel día: Señor, Señor, ¿no profetizamos en tu nombre y en tu nombre lanzamos demonios y en tu nombre hicimos cantidad de prodigios? Entonces les declararé: jamás os conocí. ¡Alejaos de Mí obradores de iniquidad!

<u>Jesús es incongruente con sus principios en este caso, pues no dejará entrar en el reino de los cielos al que no haya hecho la voluntad de Dios Padre; es una venganza velada.</u>

Los prodigios de Jesús

Después del sermón de la montaña Jesús realizó todo tipo de curaciones, prodigios y milagros, convirtiéndose en un famoso taumaturgo y dando también esta potestad a los doce apóstoles, con la instrucción: "no vayáis hacia los gentiles y no entréis en ninguna ciudad de samaritanos, sino id más bien a las ovejas perdidas de la casa de Israel, y en el camino predicad diciendo:

el reino de los cielos se ha acercado". Les ordenó también no cobrar por sus obras, ni tuvieran bienes materiales, ni siquiera dos túnicas y si alguien no quiere escuchar ni recibir vuestras palabras, salid de aquella casa o ciudad y sacudid el polvo de vuestros pies. "En verdad os digo que en el día del juicio, su destino será más tolerable para la tierra de Sodoma Y Gomorra, que para aquella ciudad". Mat 10. 15.

<u>Jesús se vengará con las personas que no escuchen ni reciban las palabras de los apóstoles, dándoles muchos sufrimientos, contradiciéndose otra vez; no ama a sus enemigos como había dicho.</u>

Persecuciones

También dijo Jesús a los apóstoles, que por su nombre serían perseguidos, azotados y martirizados pero que el espíritu de vuestro Padre, entregará a la muerte hermano a hermano, y padre a hijo, y se levantarán hijos contra padres y les harán morir. Mat 10. 21.

<u>Un cruel Jesús se avizora, al enfrentar a hijos contra padres, por el solo hecho de la persecución de los apóstoles; es otra vez vengativo e incongruente.</u>

Exhortaciones

"A quien me confiese delante de los hombres. Yo también lo confesaré delante de mi Padre Celestial. Más a quien me niegue delante de los hombres. Yo también lo negaré delante de mi Padre Celestial. No creáis que he venido a traer la paz sobre la tierra. No he venido a traer paz sino espada. He venido en efecto, a separar al hombre de su padre, a la hija de su madre, a la nuera de su suegra, y serán enemigos del hombre los de su propia casa. Quien ama a su padre o a su madre más que a Mí, y quien ama a su hijo o su hija más que a Mí, no es digno de Mí. Quien no toma su cruz y me sigue, no es digno de Mí. Quien halla su vida la perderá, y quien pierde su vida por Mí, la hallará". Mat 10. 32-42.

<u>Jesús es intolerante y vengativo con los que aman a sus parientes más que a El, siendo otra vez incongruente con sus enseñanzas, ¿Por qué no pone la otra mejilla como recomienda a los demás? ¿O será que su moral no es universal y solo se aplica a los demás y no a El?</u>

Las ciudades impenitentes

Entonces Jesús se puso a maldecir y amenazar a todas las ciudades en donde había hecho prodigios y no se habían arrepentido, para que en el día del juicio recibieran mayor castigo que Sodoma. Mat 11. 24.

El pecado contra el Espíritu

Jesús sentenció "quien no está conmigo está contra Mí y quien no amontona conmigo desparrama", "por eso os digo, todo pecado y toda blasfemia será perdonada a los hombres, pero la blasfemia contra el espíritu no será perdonada. Y si alguno habla contra el hijo del hombre, esto le será perdonado, pero al que hablare contra el Espíritu Santo, no le será perdonado, ni en este siglo ni en el venidero. Según tus palabras serás declarado justo, según tus palabras serás condenado". Mat 12. 30, 32, 37.

<u>Jesús sigue con su moral restrictiva y no de aplicación general, como debería ser, y condena por solo las palabras, en contra de uno de los derechos principales del hombre, como es la libertad de expresión.</u>

Los parientes de Cristo

"Mientras Él todavía hablaba a las multitudes, he ahí que su madre y sus hermanos estaban fuera buscando hablarle. Díjole alguien, mira, tu madre y tus hermanos están de pie afuera, buscando a hablar contigo, más Él respondió al que se lo decía: ¿quién es mi madre y quienes son mis hermanos? Y extendiendo la mano hacia sus discípulos, dijo: he aquí a mi madre y mis hermanos. Quien quiera que hace la voluntad de mi Padre Celestial, éste es mi hermano, hermana o madre". Mat 12. 46,50.

<u>Cristo desconoce a su madre y hermanos en un afán egoísta de seguir manipulando a las multitudes para incentivar la sumisión a Jehová, reafirmando que sus principios son los mismos de éste, principios, que por otro lado, he repudiado razonadamente.</u>

<u>Si todos los hijos, siguiendo el ejemplo de cristo, desconocieran a su madre, anteponiendo a los amigos o seguidores, siendo "luz de la calle y oscuridad de su casa", como a veces sucede realmente, el baluarte social de la familia, se socavaría, con gran riesgo para la supervivencia de la humanidad.</u>

Jesús en Nazaret

Cuando Jesús estuvo en Nazaret, su tierra, "no hizo muchos milagros allí a causa de su falta de fe", diciendo: "un profeta no está sin honor, sino en su país y en su familia". Cristo salió de allí asombrándose de su falta de fe.

Cristo salió de su tierra donde fue rechazado, pero sin amenazar con enviar peores castigos que a Sodoma y Gomorra por no aceptar su palabra, en contradicción de nuevo, con lo dicho anteriormente a sus apóstoles.

Cristo acepta ser el hijo de Dios

Cierta vez Jesús preguntó a sus discípulos: ¿quién soy yo? Respondiéndole Simón pedro le dijo: "tú eres el Cristo, el hijo del Dios vivo" entonces Jesús le dijo: "bienaventurado eres Simón Bar-Yoná, porque carne y sangre no te lo reveló, sino mi Padre Celestial. Y yo te digo que tú eres Pedro y sobre esta piedra edificaré mi Iglesia, y las puertas del abismo no prevalecerán contra ella. A ti te daré las llaves del reino de los cielos". Mat 16.18, 19.

Anuncio de la Pasión

….. "Entonces comenzó Jesús a declarar a sus discípulos que el debía ir a Jerusalén y sufrir mucho por parte de los ancianos, de los sumos sacerdotes y de los escribas, y ser condenado a muerte y resucitar al tercer día". Mat 16. 21.

La renuncia del yo

Entonces Jesús dijo a sus discípulos: "si alguno quiere seguirme, renúnciese a sí mismo y lleve su cruz y siga tras de Mí. Porque el que quiere salvar su alma, la perderá, y quien pierda su alma por mi causa, la hallará. Porque de ¿qué sirve al hombre, si gana el mundo entero, mas pierde su alma? Porque el Hijo del hombre ha de venir, en la gloria de su Padre con sus ángeles, y entonces dará a cada uno según sus obras. En verdad os digo, algunos de los que están aquí no gustarán la muerte sin que hayan visto al Hijo del hombre viniendo en su reino.

Jesús aconseja el perdón

Entonces Pedro le dijo: Señor, ¿cuántas veces pecará mi hermano contra mí y le perdonaré? ¿Hasta siete veces? , Jesús le dijo, no te digo hasta siete veces, sino hasta setenta veces siete.

<u>Jesús aconseja a los demás que perdonen, pero el mismo no lo hace, sino que quiere juzgar y dar a cada quien su merecido, aparte de querer vengarse por no ser escuchado.</u>

Repudio a la mujer

A la pregunta de algunos fariseos "¿es permitido al hombre repudiar a su mujer por cualquier causa?" Jesús respondió: ¿no habéis leído que el Creador desde el principio, "varón y mujer les hizo? Por esto dejará el hombre a su padre y a su madre y se unirá a su mujer y serán los dos una sola carne. ¡Pues bien! ¡Lo que Dios juntó, el hombre no lo separe! Más yo os digo, quien repudia a su mujer, salvo el caso de adulterio y se casa con otra, comete adulterio y el que se casa con una repudiada, comete adulterio. Mat 19.23, 24.

<u>La situación de discriminación de la mujer se hace evidente en este caso, porque la otra pregunta sería: "¿es permitido a la mujer repudiar a su hombre por cualquier causa?", lo cual no es posible para Yahvé.</u>

El joven rico

Y he aquí que uno, acercándose a Él, le preguntó: Maestro ¿qué de bueno he de hacer para obtener la vida eterna? Respondiéndole: ¿Por qué me preguntas acerca de lo bueno? Uno solo es el bueno. Más si quieres entrar en la vida eterna, observa los mandamientos. ¿Cuáles? Le replicó. Jesús le dijo:

"no matarás, no cometerás adulterio, no robarás, no darás falso testimonio, honra a tu padre y a tu madre, y amarás a tu prójimo como a ti mismo". Díjole entonces el joven. "todo esto he observado; ¿qué me falta aún?" Jesús le contestó "si quieres ser perfecto, vete a vender lo que posees y dalo a los pobres, y tendrás un tesoro en el cielo; y ven, sígueme". Al oír estas palabras, el joven se fue triste, porque tenía grandes bienes. Mat 19. 16-22.

Si todos los seres humanos siguieran a Cristo de este modo y vendieran todas sus bienes, los compradores seguirían siendo dueños de esos bienes; la única forma de que todos se quedaran sin bienes, sería destruyéndolos, no vendiéndolos; y la ciencia, la tecnología, el progreso y el desarrollo de la humanidad se detendría, las condiciones de vida serían similares a las de la época de las cavernas, en donde el sufrimiento, el hambre, la pobreza y las enfermedades imperaban, condiciones, con las cuales, no estoy de acuerdo.

Peligro de las riquezas

Después dijo Jesús a sus discípulos: "en verdad os digo: un rico difícilmente entrará en el reino de los cielos. Y vuelvo a deciros que más fácil es a un camello pasar por el ojo de una aguja, que un rico entrar en el reino de Dios". Al oír esto, los discípulos se asombraron en gran manera y le dijeron: ¿quién pues podrá salvarse? Más Jesús fijando los ojos en ellos, les dijo: "para los hombres eso es imposible, más para Dios todo es posible". Mat 19.23-26.

Es casi imposible sustraerse a la suspicacia que este rechazo a las riquezas por parte de Cristo, sea solo un ardid para despojar de ellas a los propietarios y no por el justo deseo de un socialismo o comunismo, en donde todos los hombres fueran iguales, porque ¿quiénes son los supuestos representantes de

Dios en la tierra, sino la clase sacerdotal?; que tendría entonces el poder de interceder ante Dios, para que los ricos entrasen en el reino de los cielos y que siendo la clase sacerdotal de calidad humana, estaría muy propensa a actuar por motivos personales de ambición; lo que realmente sucedió a través de la historia; sobre todo en la Edad Media, donde se cotizaban muy altas las indulgencias, venta de ingreso al cielo; y una de las causas principales del cisma religioso, iniciado por Lutero y que en la actualidad sigue existiendo en muchas sectas cristianas, pues se despoja, por parte de algunos sacerdotes o pastores o líderes religiosos, a los fieles que lo permitan; sus bienes, como terrenos para construcción de iglesias y otros.

La estigmatización "per se" de la acumulación y posesión de riquezas por parte de Cristo, es injusta, pues existen varios orígenes para esto: la suerte, a través de loterías y juegos de azar; herencias, invenciones, ganancias lícitas en la libre empresa, robos, delitos, explotación de la mano de obra esclava o sumisa, despojos, guerras, etc. Pero de cualquier modo, gracias a Yahvé.

Yahvé en el Antiguo Testamento favorece y da en posesión riquezas sin fin, en forma selectiva; como premio al pueblo hebreo y sus patriarcas por su fidelidad; los siguientes son algunos ejemplos de esto:

1.-Promete que cuando salga el pueblo hebreo de Egipto, saldrá con "grandes riquezas".

2.-Despoja al pueblo egipcio al cambiar su mentalidad, para que done "oro, plata y vestidos" al pueblo hebreo en el día de su salida del país.

3.- Reiteradamente promete y luego cumple, dar en posesión la "tierra prometida" al pueblo hebreo; una tierra "que mana leche y miel", con magníficas ciudades que nunca edificó, con toda suerte de riquezas, con campos espléndidos que nunca cultivó, con grandes hatos de ganado, que nunca creó, etc.

4.- Hizo acumular grandes riquezas a Jacob en Mesopotamia para regresarse a su tierra.

5.- Permitió acumular grandes riquezas al rey Salomón y al rey David en la época de oro del pueblo hebreo y la lujosa construcción del Templo en Jerusalén.

6.-Permitió la explotación de la mano de obra esclava para que el pueblo hebreo acumulara riquezas.

7.-En la victoria militar hebrea contra los pueblos enemigos exige botín de guerra para ser repartido entre los vencedores.

8.- Yahvé pide ofrendas para la construcción del tabernáculo, como oro, plata, bronce y todo tipo de materiales valiosos, para ser entregados a los líderes y seguramente, para acumular riquezas en beneficio personal de algunos.

Yahvé entonces, permite y da riquezas a sus fieles, pero no siempre en forma ética, sino más bien por despojo y botín de guerra.

Cristo en el paradigma de la contradicción e inconsistencia, por una parte, en forma reiterada expresa su sumisión y fidelidad a su Padre Celestial, incluyendo obviamente la complacencia a las riquezas; y la exige a sus seguidores; y por la otra, sataniza "per se" las riquezas, en franca oposición a Yahvé.

Recompensa por seguir a Jesús

Entonces Pedro respondió diciéndole: "tú lo ves, nosotros lo hemos dejado todo y te hemos seguido; ¿qué nos espera? Jesús les dijo: en verdad os digo, vosotros que me habéis seguido, en la regeneración, cuando el Hijo del hombre se siente sobre su trono glorioso, os sentaréis, vosotros también, sobre doce tronos, y juzgaréis a las doce tribus de Israel. Y todo el que dejare casas, hermanos o hermanas, o padre, o mujer, o hijos, o campos por causa de mi nombre, recibirá el céntuplo y heredará la vida eterna."Mat 19. 27-29.

<u>Ardid amoral y fatalmente nocivo para la especie humana, lo es la exigencia y recompensa por seguir a Jesús; si todos los seres humanos dejaran todo por seguirlo, llegaríamos al mundo de los hombres solos, solitarios, sin familia, sin hijos, sin nada, socavando las mismas entrañas de la sociedad y siguiendo a Cristo, como en un rebaño; y esperando amoralmente, el premio prometido por su buen comportamiento; amoralmente, porque la ética nos dice, que las buenas acciones deben realizarse por motivos de conciencia y no por el miedo a un castigo o la espera de una recompensa. Con la agravante situación de que todos los bienes que sean abandonados por los seguidores de Cristo tendrían que ser administrados y detentados por los líderes religiosos, beneficiándose, algunos, personalmente, de su usufructo mediante este ardid.</u>

El primero en el Cielo

Cuando los discípulos de Jesús polemizaban para ver quien era el primero y más importante en el Cielo, Jesús les dijo:"el que quiera ser primero de vosotros, ha de hacerse vuestro esclavo, así como el Hijo del hombre vino, no para ser servido, sino para servir y dar su vida en rescate por muchos". Mat 20. 27, 28.

En este pasaje Cristo vaticina que dará su vida por los pecados de los hombres, pero si en éstos incluye a los paganos y a los no seguidores, estará en franca oposición a su Padre celestial, que no los perdona; y al considerarlos enemigos, los llevaría a la cruel anatema; y sino los incluye, adolecería del mismo defecto de Yahvé, con su moral selectiva y restrictiva a solo los fieles.

Los comerciantes en el templo

Después de la entrada triunfal a Jerusalén, seguido por muchedumbres, Jesús entró en el templo de Dios y al ver a los cambistas y comerciantes que vendían en el templo, iracundo les volcó las mesas y sillas diciéndoles: "está escrito: mi casa será llamada, casa de oración, más vosotros la hacéis cueva de ladrones". Mat 21. 12,13.

Un Cristo iracundo se aleja de la bondad, tolerancia y amor; y de la imagen que esperamos del Dios vivo; y se hace humano, demasiado humano. Su actitud refleja odio hacia la libre empresa, a los comerciantes, con su lícito afán de ganarse el pan de cada día. Intolerancia contrapuesta a Yahvé y a las costumbres liberales de producción y comercio de aquella época, pues se permitía la compra venta de propiedades, ganado y productos, así como la libertad de trabajo, con excepción de los esclavos y si el templo no era adecuado para el comercio, había formas y autoridades competentes para su desalojo. Es obvio que Jesús quería molestar a las autoridades para preparar lo que "estaba escrito" y así ser crucificado. Mucha gente dirá "son los enigmas de la Biblia" "solo Dios sabe lo que hace", pero para la razón, son contradicciones e inconsistencias, puestas allí por los escritores humanos de la Biblia, por ignorancia o ineficacia.

Otros prodigios de Jesús

Los discípulos al ver que Jesús hacía muchos prodigios, le preguntaron que cómo hacía eso y Jesús les respondió: "en verdad os digo, si tenéis fe y no dudáis, no solamente haréis eso, sino que si decís a esta montaña: quítate de ahí y échate al mar, eso hará. Y todo lo que pediréis, en la oración, lo obtendréis". Mat 21. 21,22.

Con pasajes como el anterior, se ha ido conformando a través de los siglos la leyenda del poder infinito de la oración, aunque pocas personas, desde mi muy personal, punto de vista, lo crean realmente, y lo tengan solo como una esperanza; pasa lo mismo con el poder infinito de la mente, en el que la oración puede ser parte importante, sobre todo para hacer prodigios dentro de sí mismo.

Al César lo que le corresponde

Tratando de sorprenderlo los fariseos le preguntaron a Jesús ¿es lícito pagar tributo al César, o no? Jesús refiriéndose a la moneda que tenía la efigie del César les respondió: "¿de quién es esta figura y la leyenda?", le respondieron: del César, "entonces les dijo. "dar al César, lo que es del César y a Dios lo que es de Dios". Mat 22. 17-21.

En esta ocasión Jesús no quiso enemistarse más con las autoridades, para dar más tiempo a su detención.

El mayor mandamiento de la Ley

Para tentar nuevamente a Jesús, los fariseos le preguntaron, "maestro, ¿cuál es el mayor mandamiento de la Ley?" Respondió Él: "amarás al Señor, tu Dios de todo tu corazón, con toda tu alma y con todo tu espíritu". Este es el mayor y principal mandamiento; y el segundo le es semejante: "amarás a tu prójimo como a ti mismo". De estos dos mandamientos pende toda la Ley y los profetas". Mat 22. 36-40.

<u>Si Cristo concibe como "prójimo" solo al pueblo hebreo, estaría en la misma posición que Yahvé, como debería ser; y entonces ese mandamiento sería amoral, pues no sería una ley universal; si, por el contrario, "prójimo" es cualquier ser humano sin importar su condición, entonces Jesús sería en este caso, éticamente correcto, pero en desacuerdo con su Padre Celestial.</u>

Jesús amenaza con su segunda venida

Después de arremeter contra escribas y fariseos; y de amenazarlos con grandes castigos, sobre la "generación ésta", aún por faltas cometidas por sus ancestros; Jesús amenaza también con su segunda venida, la parusía, a Jerusalén, porque muchos allí no lo aceptaban. "por eso os digo, que ya no me volveréis a ver, hasta que digáis ¡bendito el que viene en el nombre del Señor!". Mat 23.39.

<u>Jesús no perdona a los que no aceptan su palabra y los amenaza vengativamente, con grandes castigos, antes y después de la parusía, en forma incongruente con sus consejos de perdonar al que les haga daño y poner la otra mejilla.</u>

Sucesos que anuncian la parusía

Jesús al salir del Templo y ver las construcciones dijo: "¿véis todo esto? En verdad os digo, no quedará aquí piedra sobre piedra que no sea derribada". Sus discípulos le respondieron. Dinos cuando sucederá todo esto y cuál será la señal de tu advenimiento y de la consumación del siglo. Jesús les respondió diciendo: "cuidaos que nadie os engañe, porque muchos vendrán en mi nombre diciendo: "yo soy el Cristo" y a muchos engañarán. Eso en efecto tiene que suceder, pero no todavía. "porque se levantará pueblo contra pueblo, reino contra reino, y habrá en diversos lugares hambres y pestes y terremotos. Todo esto es el comienzo de los dolores". "después os entregarán a la tribulación y os matarán y seréis odiados de todos los pueblos por causa de mi nombre". "entonces vendrá el fin. Porque habrá entonces, grande tribulación, cual no la hubo desde el principio del mundo hasta ahora, ni la habrá más". Mat 24. 1-21.

Falsos cristos

Y si aquellos días no fueran acortados, nadie se salvaría, más por razón de los elegidos serán acortados esos días. Surgirán falsos cristos por doquier que harán prodigios y cosas estupendas pero no lo creáis, porque así como el relámpago sale del Oriente y brilla hasta el Poniente, así será la venida del Hijo del hombre. Mat 24. 22-28.

<u>La segunda venida de Cristo, la parusía, será de castigo a los pecadores, por eso las amenazas recurrentes de inflingirles castigos y sufrimientos, sin acordarse de perdonar, como Él lo había pregonado; y más bien, se puede tomar, como venganza a los que no creen en Él.</u>

Las diez vírgenes

Cristo dijo: "En aquel entonces el reino de los cielos será semejante a diez vírgenes, que tomaron sus lámparas y salieron al encuentro del esposo. Cinco dentro de ellas eran necias, y cinco prudentes. Las necias al tomar sus lámparas, no tomaron aceite consigo, mientras que las prudentes, tomaron aceite en sus frascos además de sus lámparas. Como el esposo tardaba, todas sintieron sueño y se durmieron. Más a media noche se oyó un grito: ¡he aquí el esposo! ¡Salid a su encuentro! Entonces todas aquellas vírgenes se levantaron y arreglaron sus lámparas. Más las necias dijeron a las prudentes: "dadnos de vuestro aceite porque nuestras lámparas se apagan". Replicaron las prudentes y dijeron: "no sea que no alcance para nosotras y para vosotras; id más bien a los vendedores y comprad para vosotras". Mientras ellas iban a comprar llegó el esposo, y las que estaban prontas entraron con él a las bodas, y se cerró la puerta. Después llegaron las otras vírgenes y dijeron ¡señor, señor, ábrenos! Pero el respondió y dijo "en verdad os digo que no os conozco". Velad, pues, porque no sabéis ni el día ni la hora. Mat 25. 1-13.

<u>El poco valor que manifiesta Jesús por la mujer, al permitir la boda de un hombre con diez mujeres, evidencia la discriminación de que era objeto la mujer en esos tiempos, pues aparentemente es una práctica común las bodas de los hombres con múltiples mujeres, hecho que complace a Jesús al grado de ponerlo como ejemplo para sus parábolas. Estos hechos fueron formando las bases para la actual discriminación sexista, que predomina en el mundo y con la cual el cristianismo está de acuerdo, siguiendo el ejemplo de Jesús y sus tiempos.</u>

Encomienda del negocio

Sigue diciendo Jesús: "es como un hombre que al hacer un viaje a otro país llamó a sus siervos y les encomendó sus haberes. A uno dio cinco talentos, a otro dos y a otro uno, a cada cual según su capacidad, luego partió. Enseguida el que había recibido cinco talentos, se fue a negociar y ganó otros cinco. Igualmente el de los dos, ganó otros dos, más el que había recibido solo uno, se fue a hacer un hoyo en la tierra y escondió allí el dinero de su señor. Al cabo de mucho tiempo volvió el señor a sus siervos y ajustó cuentas con ellos. Presentándose el que había recibido cinco talentos, trajo otros cinco, y dijo: "señor cinco talentos me entregaste y mira gané otros cinco". "Díjole su señor: "¡bien! siervo bueno y fiel, en lo poco has sido fiel, te pondré al frente de lo mucho, entra en el gozo de tu señor". A su turno se presentó el de los dos talentos y dijo: "señor, me entregaste dos talentos, mira otros dos gané". Díjole su señor: "¡bien!, siervo bueno y fiel, en lo poco has sido fiel, te pondré al frente de lo mucho, entra en el gozo de tu señor". Más llegándose el que había recibido un talento, dijo: "tengo conocido que eres un hombre duro, que quieres cosechar allí donde no sembraste y recoger allí donde nada echaste. Por lo cual, en mi temor me fui a esconder tu talento en tierra. Helo aquí; tienes lo que es tuyo". Más el señor le respondió y dijo: siervo malo y perezoso, sabías que yo cosecho donde no sembré y recojo allí donde nada eché. Debías pues, haber entregado mi dinero a los banqueros y a mi regreso yo lo habría recobrado con sus réditos, quitarle por tanto el talento y dadlo al que tiene los diez talentos. Porque a todo aquel que tiene se le dará, y tendrá sobreabundancia, pero al que no tiene, aún lo que tiene le será quitado. Y a ese siervo inútil, echadlo a las tinieblas de afuera, allí será el llanto y el rechinar de dientes". Mat 25. 14-30

<u>En esta parábola Jesús ve a los negocios, a la libre empresa y a la acumulación de riquezas, como algo muy conveniente, incluyendo a los banqueros; siendo incongruente con el episodio en donde iracundo expulsó a los cambistas del Templo, llamándolos ladrones; y con el rechazo a los ricos en la sentencia "más pronto pasará un camello por el ojo de un aguja, que un rico entre en el reino de los cielos".</u>

El juicio de las naciones

"Cuando el Hijo del hombre vuelva en su gloria, acompañado de todos sus ángeles, se sentará sobre su trono de gloria, todas las naciones serán congregadas delante de Él, y separará a todos los hombres, unos de otros,..." Los de la derecha eran los que habían tenido buenas acciones, sobre todo con Cristo y los de la izquierda los de las malas acciones, los pecadores, sobre todo con Cristo. El rey a los de la derecha dirá: si todas tus buenas acciones las hiciste al más pequeño de mis hermanos, a Mí me lo hiciste; y a los de la izquierda "alejaos de Mí, malditos, al fuego eterno, preparado para el diablo y sus ángeles" y "estos irán al suplicio eterno, más los justos a la eterna vida. Mat 25. 31-46.

<u>En el día del juicio, Jesús no perdonará a los pecadores como había dicho anteriormente, ni pondrá la otra mejilla a los que lo ofendieron, más bien les dará suplicio eterno; en cruel venganza, olvidándose del motivo de su nacimiento: dar la vida por el perdón de los pecadores del mundo.</u>

Pasión y muerte de Cristo

Cuando Jesús hubo acabado todos estos discursos, dijo a sus discípulos: "la Pascua como sabéis será dentro de dos días, y el Hijo del hombre va a ser entregado para que lo crucifiquen". Entonces los jefes de los sacerdotes y ancianos del pueblo se reunieron en el palacio del pontífice, que se llamaba Caifás. Y deliberaron prender a Jesús con engaño y darle muerte. Mat 26.1-5.

Judas vende al Maestro

Entonces uno de los Doce, el llamado Judas Iscariote, fue a los sumos sacerdotes y dijo: ¿qué me dáis y yo os lo entregaré? Ellos le asignaron treinta monedas de plata. Y desde ese momento buscaba una ocasión para entregarlo. Mat 26.14-16.

La Última Cena

Después en la "Última Cena" Jesús dijo: "en verdad os digo, uno de vosotros me entregará". Y entristecidos en gran manera comenzaron cada uno a preguntarle ¿seré yo Señor? Más Él respondió y dijo: "el que conmigo pone la mano en el plato, ése me entregará. El Hijo del hombre se va, como está escrito de Él, pero ¡ay de aquel hombre, por quien el Hijo del hombre es entregado! Más le valdría a ese hombre no haber nacido". Entonces Judas, el que le entregaba, tomó la palabra y dijo: "¿seré yo, Rabí?" le respondió "tú lo has dicho". Mientras comían, pues, ellos, tomando Jesús pan, y habiéndolo bendecido lo partió y dio a los discípulos, diciendo: "tomad, comed, este es el cuerpo mío". Y tomando un cáliz, y habiendo dado gracias, dio a ellos, diciendo: "bebed de él todos, porque ésta es la sangre mía de la Alianza, la cual por muchos se derrama para remisión de pecados. Mat 26. 22-29.

Jesús no perdona a Judas Iscariote por el pecado de entregarlo y le recomienda no haber nacido, seguramente por los crueles suplicios que sufrirá en el Día del Juicio Final; olvidándose de nuevo de uno de los principales pilares en que descansa su doctrina, como es el perdón de los pecados, causa por la cual debe ofrendar su vida; y origen y fundamento de su nacimiento. ¿Porqué no puso la otra mejilla a Judas Iscariote?

La aprensión de Jesús

Jesús es aprendido en el huerto de Getsemaní por un tumulto enviado por los sumos sacerdotes y ancianos del pueblo, después de recibir de Judas, el traidor, el beso, señal convenida para ello. Y al ver a algunos de los suyos con las espadas desenvainadas, les dijo: "vuelvan sus espadas a su lugar porque todos los que empuñen sus espada perecerán".

Jesús fue llevado a casa de Caifás, el sumo sacerdote, en donde después de ser acusado con falsos testimonios, fue cuestionado por éste: "yo te conjuro por el Dios vivo a que nos digas, si tú eres el Cristo, el hijo de Dios", "tú lo has dicho", y yo os digo: "desde este momento veréis al Hijo del hombre sentado a la diestra del Poder y viniendo sobre las nubes del cielo; por lo que todos dijeron: "merece la muerte", comenzándolo a golpear y burlarse de Él. Después Pedro, para salvarse negó tres veces a Cristo, tal como éste había vaticinado. Judas, el traidor, al ver que Jesús había sido condenado se retiró de allí y posteriormente se ahorcó. Mat 26. 5, 36, 52, 63, 64, 70.

Jesús ante Pilatos

Entre tanto Jesús compareció delante del gobernador, y el gobernador le hizo esta pregunta: "¿Eres tú el rey de los judíos?" Jesús le respondió "Tú lo dices". Y mientras los sumos sacerdotes y los ancianos lo acusaban, nada respondió. Entonces Pilatos le dijo: "¿No oyes todo esto que alegan contra Ti?" Pero Él no respondió ni una palabra sobre nada, de suerte que el gobernador estaba muy sorprendido. Mat 27. 11-14.

Ahora bien, con ocasión de la fiesta, el gobernador acostumbraba conceder al pueblo la libertad de un preso, el que ellos quisieran. Tenían a la sazón un preso llamado Barrabás. Estando, pues, reunido el pueblo, Pilatos les dijo: "¿A cuál queréis que os suelte, a Barrabás o a Jesús, el que se dice Cristo?", porque sabía que lo habían entregado por envidia. Más, mientras él estaba sentado en el tribunal, su mujer le mandó decir: "No tengas nada que ver con ese justo, porque yo he sufrido mucho hoy, en sueños, por Él". Pero los sumos sacerdotes y los ancianos convencieron a la turba que pidiese a Barrabás y eligiese la muerte de Jesús. Respondiendo el gobernador les dijo: "¿A cuál de los dos queréis que os suelte?" ellos dijeron: "A Barrabás". Díjoles Pilatos: "¿Qué haré entonces con Jesús, el que se dice Cristo?" Todos respondieron: "¡sea crucificado!" Viendo Pilatos que nada adelantaba, sino que, al contrario, crecía el clamor, tomó agua y se lavó las manos delante del pueblo diciendo: "yo soy inocente de la sangre de este justo, vosotros veréis" Y respondió todo el pueblo diciendo: "¡la sangre de Él sobre nosotros y sobre nuestros hijos!" Entonces les soltó a Barrabás; y a Jesús, después de haberle hecho azotar, lo entregó para que fuese crucificado. Mat 27. 11-26.

Crucifixión

Sobre la cabeza de Jesús en la Cruz fue puesta la leyenda. "este es Jesús el rey de los judíos". Después de haber sido azotado, humillado y escarnecido, Jesús fue colocado en la Cruz, junto con los ladrones, uno a la izquierda y otro a la derecha, allí el pueblo se siguió burlando de Él. Después de la hora sexta, hubo tinieblas sobre toda la tierra hasta la hora nona. Y alrededor de la hora nona, Jesús clamó a gran voz, diciendo: "¡Elí, Elí! ¿Lama sabactani?", esto es: "¡Dios mío, Dios mío! ¿Por qué me has abandonado?" Al oír esto, algunos de los que estaban allí, dijeron: "a Elías llama éste". Y en enseguida uno de ellos corrió a tomar una esponja, que empapó en vinagre, y atándola a una caña, le presentó de beber. Los otros decían: "déjanos ver si es que viene Elías a salvarlo". Más Jesús clamando de nuevo, con gran voz, exhaló el espíritu. Mat. 27. 45-53.

Jesús en la Cruz también dijo: "Padre perdónalos, porque no saben lo que hacen". Luc 23. 34.

Resurrección

Al tercer día de haber sido puesto el cuerpo en el sepulcro, por José de Arimatea, Jesús resucitó como había sido predicho.

Por instrucciones de un ángel, las dos mujeres, María, la Magdalena y la otra María, que habían corroborado que el cuerpo de Cristo no estaba en su lugar, avisaron a sus discípulos. De repente Jesús salió al encuentro de las dos mujeres y les dijo: "salud" y ellas acercándose se asieron a sus pies y lo adoraron. Entonces Jesús les dijo: "no temáis. Id avisad a los hermanos míos que vayan a Galilea, allí me verán". Mat 28. 1-10.

Aparición de Jesús en Galilea

Los once discípulos fueron, pues, a Galilea, al monte donde les había ordenado Jesús. Y al verlo lo adoraron; algunos sin embargo, dudaron. Y llegándose Jesús les habló, diciendo, "Todo poder me ha sido dado en el cielo y sobre la tierra. Id, pues, y haced discípulos a todos los pueblos bautizándolos en el nombre del Padre y del Hijo y del Espíritu Santo. Enseñándoles a conservar todo lo que os he mandado. Y mirad que Yo con vosotros estoy todos los días, hasta la consumación del siglo". Mat 28.16-20.

<u>Jesús en todo el proceso de aprensión, juicio y crucifixión no se defendió; y estando en la Cruz, al final, perdonó a sus acusadores y verdugos, contradiciendo también muchas de las amenazas que había proferido a los que no aceptaban sus palabras y a sus enemigos.</u>

Apocalipsis

Revelación de Jesucristo, que Dios, para manifestar a sus siervos las cosas que pronto han de suceder, anunció y explicó, por medio de su ángel, a su siervo Juan.

El Apocalipsis según San Juan es el último libro de la Biblia, es enigmático, explica la Revelación de Jesucristo y domina en él, la idea de la Parusía, la segunda venida de Cristo. Juan escribió este libro alrededor del año 96 D. C. en la Isla de Patmos. Allí Cristo ordena a Juan envié siete cartas a las "siete Iglesias de Asia Menor": Efeso, Esmirna, Pérgamo, Tiatira, Sardes, Filadelfia y Laodicea, en donde recrimina sus malas obras y desviaciones, amenazándolas con castigos severos y promesas de grandes premios si vuelven al redil y vencen al mal, arrepintiéndose.

El objeto de este libro, el único profético del Nuevo Testamento, es consolar a los cristianos en las continuas persecuciones, despertar en ellos la bienaventurada esperanza y preservarlos de las falsas doctrinas; y en segundo lugar presentar un cuadro de las espantosas catástrofes y luchas que se han de librar en el mundo antes del triunfo de Cristo en su Parusía y la derrota definitiva de sus enemigos.

Se suceden una serie de visiones, alucinaciones, personajes, incluyendo a Cristo, y penalidades, una más terrorífica y cruel que la otra.

<u>El Apocalipsis presenta a un Cristo poderoso, cruel, vengativo, que no perdona; y destruye y aniquila, en el Juicio Final, a la tercera parte de la tierra, del mar, de los ríos y manantiales y de los hombres, validando sus amenazas reiteradas a sus enemigos y a los que no aceptaron sus palabras y a los que hicieron malas acciones durante su vida, juzgándolos de acuerdo a sus obras. Olvidándose del perdón de los pecadores, por los cuales, dio la vida por su salvación; siendo esto, paradigma de la incongruencia y contradicción.</u>

Comentarios sobre el Nuevo testamento

Inicié el estudio del Nuevo Testamento casi convencido de no encontrar ahí a Dios, pues, no aceptaba el Antiguo Testamento, que es su fundamento, y no me equivoqué, algunas de las razones son las siguientes:

1.-Cristo tiene un principio, que es su nacimiento, por lo que no es eterno, uno de los atributos necesarios de Dios.

2.-Cristo afirma ser el Hijo de Dios, de Yahvé; y sino estoy de acuerdo con sus principios, como lo he anotado con anterioridad, tampoco lo estaré con Cristo, su Hijo.

3.-Cristo en reiteradas ocasiones dice que es fiel y obedece a su Padre Celestial, con todas sus imperfecciones.

4.-Las continuas contradicciones e incongruencias de la doctrina de Cristo, que pide a sus seguidores que perdonen, pero Él no lo hace. Rechaza a los ricos, pero permite acumular riquezas y está de acuerdo con el proceso comercial y bancario que las hace posible.

5.-Continúa la discriminación de la mujer; y la trata como un objeto, para el placer y servicio del hombre, como en el caso de las diez vírgenes y en la carta de San pablo a Timoteo, en donde le pide a la mujer sumisión al hombre y le prohíbe enseñar.

6.-Cristo tiene también sentimientos humanos, demasiado humanos, y los expresa, como en el caso de la ira en contra de los comerciantes del Templo.

7.-Su doctrina socava las entrañas mismas de la sociedad al exigir a sus seguidores abandonen todo por Él, familia, bienes, todo.

8.-La irracionalidad de sus conceptos al afirmar que "el que es amigo del mundo, es enemigo de Dios".

9.-Desconoció a su madre y familia por sus amigos y seguidores.

10.-Al afirmar en la Carta a los Romanos 13. 1,7, que las potestades mundanas son ordenadas por Dios, instaura la realeza y la tiranía; e imposibilita la democracia.

11.-Se prohíbe hablar a la mujer en las asambleas, en contra de uno de los principales derechos humanos: la libertad de expresión, como en la Primera Carta a los Corintios 14. 34, 35.

15.-Defiende el dicho de Yahvé: "Mía es la venganza". Carta a los Romanos 12. 19.
Etc.

Jesucristo tiene muchas imperfecciones desde el punto de vista de la razón, por lo cual no puedo considerarlo Dios, sino como un buen ejemplo de vida, que a muchos les gustaría seguir; ejemplo que es factible perfeccionar; si tan sólo se pudiera deslindar de Yahvé; de su anatema, de su crueldad, de sus deseos de venganza, de su intolerancia, de su sexismo, de su racismo, de su discriminación y de sus contradicciones; así como también de la carga inútil de autonombrarse Hijo de Dios, con todas las expectativas que eso conlleva, y permanecer como un hombre que vivió una vida ejemplar de piedad, perdón, amor al prójimo, de servicio y caridad, como realmente lo fue, a pesar de sus contradicciones.

Por eso la praxis católica cristiana ha desbordado su fundamento, pues los pilares que sobresalen y realmente funcionan; siendo emblemas del cristianismo, son la caridad, la piedad, el perdón y el amor al prójimo, que no siempre coinciden con sus fundamentos bíblicos. El pragmatismo actual de la religión católica, esconde y olvida premeditadamente los nexos de Cristo con Yahvé, aunque los recoge veladamente en el concepto de la Santa Trinidad y en la oración del Padre Nuestro, pero no promueve la lectura masiva de la Biblia, sino solo en las lecturas de pasajes de las Evangelios en la Misa. Promueve, más bien, el seguimiento como ejemplo, de la vida de Cristo, lo que es loable, pero no el fundamento, ni las predicciones, como las del Apocalipsis.

El éxito en la devoción a los santos y a su proliferación, se debe a que el pueblo encuentra factible seguir una vida ejemplar de seres humanos como ellos y como la de Cristo, con la dificultad conciente o no, de la inaccesibilidad a Dios.

CAPITULO III

LA BUSQUEDA DE DIOS CONTINÚA.
LA APACIBLE MADUREZ

La insatisfacción que sentí al no encontrar a Dios en la Biblia y quedar deshechas mis nostalgias religiosas de la infancia, hizo saltar a mi mente la angustiosa pregunta: ¿existirá Dios? Para tratar de responderla racionalmente, voltee mis ojos a los conocimientos técnicos y científicos que adquirí en mi formación profesional de química y física, para apoyarme en ellos, y así intentar encontrar, aunque fuera un atisbo, de un Dios convincente a mi razón. Con los atributos o requisitos de Dios anteriormente mencionados como objetivo, que son: único, absoluto, eterno, infinito, inmutable, inmóvil, omnipotente, omnipresente, omnisciente y perfecto, me di a la tarea de su búsqueda.

La Energía candidata a Dios. Fundamentos

Pensé que sería muy difícil encontrar a un Dios con todos estos atributos, basado solo en mi razón y mis precarios conocimientos; pero para sorpresa mía, fue relativamente rápido - por su obviedad y presencia en cada instante de mi vida - encontrar una concepción, una idea, en fin, una fantasía, que fuera candidata a ser Dios, con todos sus atributos y requisitos; y ésta fue la Energía.

Llegué a esta conclusión al tomar en consideración los siguientes puntos:

1.-No pude concebir ninguna acción, ningún movimiento, ningún evento físico o mental o espiritual y ningún fenómeno; ni la creación de ningún objeto o sujeto, sin estar involucrada la Energía. Inclusive en los acontecimientos de la vida: en el pensamiento, la inteligencia, la conciencia, la conducta humana que forma la moral, las vivencias, las percepciones, el nacimiento y la muerte, subyace como origen y sustento, la energía, vital o no, pero al fin y al cabo, energía.

2.-La realidad en la equivalencia de la materia y la energía, postulada por Albert Einstein a principios del siglo XX con la ecuación $E = mc^2$, en donde E es la energía, m la masa y c es la velocidad de la luz; y comprobada por la división del átomo en la bomba atómica, para finalizar la segunda guerra mundial. La materia se considera un estado condensado de la energía; hecho que se comprueba también en los ciclotrones o aceleradores de partículas, en donde se produce nueva materia, nuevas partículas, al acelerar a grandes velocidades electrones o protones, aceleración que se lleva a cabo con el consumo de altísimas cantidades de energía. Otro hecho comprobatorio de la equivalencia entre la materia y la energía es la atracción gravitatoria de la luz, los rayos cósmicos y de toda radiación electromagnética al pasar por estrellas y planetas, corriendo hacia el rojo - la parte de menor energía, del espectro electromagnético - su frecuencia.

3.-Considerar que la Teoría Cuántica - que dice que la energía se transmite también por "quantums", es decir "paquetes" y cuya magnitud se calcula $E = hf$ en donde E es la energía, h una constante y f es la frecuencia, o sea, el número de veces que el quantum cicla por segundo - es la base para considerar el "quantum", un símil del alma; el alma tomada como un paquete de energía vital o espiritual.

4.- La teoría del "Big Bang" que es la teoría más aceptada en la actualidad, del origen de nuestro universo, la cual dice, que éste comenzó con una gran explosión de magnitud inimaginable, a partir de un infinitesimal punto de altísima concentración de energía, hace aproximadamente catorce mil millones de años, teoría que ha venido explicando algunos hechos y teorías físicas importantes, como el movimiento continuo de galaxias, estrellas, planetas y todo cuerpo en el universo y la Primera Ley de Newton que expresa: "todo cuerpo en el espacio conserva su estado de reposo o movimiento, a menos que haya una fuerza que lo modifique", movimiento que fue originado por la energía del "Big Bang".

5.-La Primera Ley de la Termodinámica, que formulada en su forma más clásica y sencilla expresa: "La energía no se crea ni se destruye, solo se transforma".

6.-La Segunda Ley de la Termodinámica, que expresa: "Todos los procesos en la naturaleza se llevan a cabo con una degradación neta de la energía", y de una temperatura mayor a una menor, por transmisión de calor, haciendo que el calor se considere como la más degradada de las formas de la energía, y se llegue a la conclusión de que el fin del universo llegará cuando toda la energía pase a calor y no haya eventos que se puedan ya producir.

7.-Los espacios oscuros, que antes se consideraban vacíos, en el universo, no son tales, sino que están pletóricos de energía y materia oscuras y de antimateria.

8.-La posibilidad de una existencia cíclica de nuestro universo, pues al tomar en cuenta la teoría del "Big Bang" como origen, a partir de un punto de altísima energía y el hecho que todavía sigue en expansión, se puede concluir que debido a la gravedad puede iniciar una contracción que lleve de nuevo a otro punto similar o diferente al primigenio, pero con la potencialidad creadora de iniciar otro "Big Bang". Aunque actualmente esto se ve poco probable, porque los cálculos de la densidad promedio de la materia en el universo así lo indican.

9.-La posibilidad teórica de la existencia de universos paralelos al nuestro y de agujeros o túneles de intercomunicación entre ellos.

10.-La existencia de agujeros negros, eventos singulares, que atraen materia en forma constante y acelerada, en donde la densidad de la materia es inconmensurable y existe la posibilidad; aunque en la actualidad se desconozca cómo, que la energía se regenere, de calor, a otra, que tenga toda su potencialidad creadora.

11.-El hecho de que todo en el universo vibra, cicla; las galaxias, las estrellas, los planetas, los satélites, los cometas, las moléculas, los átomos y las partículas subatómicas, los electrones en sus órbitas, el corazón, la acción sináptica de carga y descarga de voltaje neuronal, origen del pensamiento, etc., posibilita la consideración de que el universo, o un posible "continuum" de universos, en su conjunto; también cicla, vibra, en un proceso interminable y de que el espacio no es un vacío, sino un "continuum" energético; que aunque en "paquetes" o por ondas, se asegura el perpetuo devenir espacial de la energía.

12.-La Mecánica Cuántica que explica los procesos subatómicos, que no son explicados por las leyes clásicas de Newton de la gravedad, y que relaciona la energía y la materia en forma indivisible; por el carácter ondulatorio de la materia y su concepto de " colapso de la onda" en donde la energía pasa a materia en forma comprobable; e introduce el "Principio de Incertidumbre", que expresa: " es imposible conocer al mismo tiempo, la dirección y masa-velocidad de un electrón dentro de un átomo", pero lo hace por estadística, es decir, se puede saber la probabilidad de encontrar un electrón en una región dada del átomo, pero nada más. Esta teoría tiene muchos detractores en el campo científico, pero sus resultados la validan en la práctica.

13.-El teorema de la Totalidad Compacta y el Orden Implicado de David Bohm, que considera a la materia y a la vida como un todo, que la separación materia y espíritu es una abstracción, en donde el piso, será siempre uno. Introduce y postula el concepto de "potencial cuántico" que dirige subyacentemente a los "quantums" dentro del átomo, racionalizando el caos y la locura de las partículas subatómicas en la Mecánica Cúantica, abarcando también todo el espacio y proveyendo las conexiones directas entre todos los sistemas cuánticos. Si dos partículas subatómicas se separan, sin importar la distancia, se comunican instantáneamente, a mayor velocidad que la luz, por una energía no física, inexplicable por la física actual. Este "potencial cuántico" se explica en términos de fluctuaciones de un éter subyacente de energía. Bajo la realidad aparente, sensible, subyace la verdadera realidad de la "Totalidad Compacta" en un "Orden Implicado", siendo la realidad aparente, un "desdoblamiento" de ésta.

14.-El Teorema de Interconexión de J. S. Bell, que se dice que es el más grande descubrimiento científico en toda la historia de la humanidad. Expresa que todos los sistemas cuánticos en el universo están interconectados entre sí, de una manera que la interconectividad es más fundamental y real, que la existencia de las partes independientes de dichos sistemas cuánticos.

15.-La teoría de que el fin de nuestro universo tiene tres posibilidades, dependiendo de la densidad de la materia promedio presente:

- a) Universo cerrado u oscilante, donde la densidad media es mayor que la crítica - densidad, en la cual el universo no se expandirá, ni se contraerá, al equilibrarse las fuerzas gravitatorias a las cinéticas - y su final se alcanzará, cuando debido a las fuerzas gravitatorias, la expansión originada en el "Big Bang", se detenga, y se inicie un proceso de contracción, en el que la energía potencial gravitatoria se transforme en energía cinética, en una gran implosión, hacia un punto de altísima masa y gravedad, que llevaría a un nuevo "Big Bang", aunque no precisamente similar al primero.

b) Universo plano, donde la densidad promedio sea igual a la crítica, en cuyo caso, el universo estaría en un equilibrio dinámico, pero en aparente estatismo.

c) Universo abierto, en el cual, la densidad promedio sea menor que la crítica, por lo que el universo a partir del "Big Bang" continuará expandiéndose continuamente hasta el infinito. Con los conocimientos actuales se considera que nuestro universo es abierto, porque las mediciones cosmológicas expresan que la velocidad de expansión, en vez de estar disminuyendo, se está acelerando y la densidad media es menor que la crítica, aunque no se descarta que con nuevas mediciones esto cambie; sobre todo por la presencia de materia oscura, no bien contabilizada anteriormente. Si nuestro universo en realidad fuera abierto, continuará expandiéndose, se separarán diluyéndose, las galaxias, las estrellas, los mundos; las personas en moléculas, en átomos, en núcleos atómicos, y éstos en sus partículas elementales y éstas en energía, primero en potencial y al final en calor, su forma más degradada. El final será un frío "continuum" de dilución energética, pero no el vacío, no la nada; con potencialidad de regeneración en procesos desconocidos hasta ahora.

Probatoria de Dios como Energía

<u>Era necesario entonces llevar a la energía a una serie de pruebas o consideraciones, para determinar si puede ser considerada el verdadero Dios, un Dios convincente y de acuerdo a la razón.</u>

1.- ¿Es la Energía eterna? De acuerdo a la Primera Ley de la Termodinámica: "la energía no se crea ni se destruye, solo se transforma", la energía es eterna. En nuestro universo la energía tuvo un principio en el "Big Bang", pero a partir de un punto de altísima concentración de energía, por lo que esta consideración sigue siendo válida. Nuestro universo es eterno también, porque aún bajo las tres posibilidades de final, que dependen de su densidad media: si es cerrado, su existencia será cíclica, aunque no igual; si es plano, su existencia será el estatismo en equilibrio dinámico y si es abierto, su existencia final temporal será un "continuum" energético degradado. Por lo tanto se concluye que la energía es eterna, bajo todas las condiciones.

2.- ¿Es la energía absoluta? Aunque de acuerdo a la Segunda Ley de la Termodinámica, "todos los procesos en la naturaleza se llevan a cabo con una degradación neta de la energía" se concluya que existen diferentes calidades o grados de la energía, que dependen de su capacidad de realizar trabajo o cosas útiles; con la energía potencial en el nivel superior y el calor en el inferior; pero con la capacidad intrínseca de regenerarse, por procesos no del todo conocidos en la actualidad, como en los agujeros negros cosmológicos. Todos los grados de la energía son, al fin y al cabo, energía, y ésta es absoluta, porque no hay otro ser o concepto que no sea integrado al de energía. La energía es absoluta.

3.- ¿Es la energía infinita? Si la energía no se crea, ni se destruye, entonces, es infinita, pues no tiene principio ni fin con respecto a su esencia, pero con respecto a su magnitud, se puede decir lo siguiente: Si se considera que la energía tiene su campo de respuesta exclusivamente en nuestro universo, nos topamos con la dificultad, de que éste es finito; del orden de 1.3x10 exp 26 metros, calculado por mediciones cosmológicas, de la velocidad de expansión del universo y de la separación entre estrellas y galaxias. ¿Entonces, porqué nuestro universo es finito y la energía es infinita? Porque de acuerdo a la ciencia actual, es posible la existencia de un número infinito de universos paralelos al nuestro, con intercomunicación entre ellos, en determinados eventos energéticos singulares. En el caso actual, nuestro universo aparentemente abierto, está acelerando su velocidad de expansión, previéndose un final de materia diluida y energía totalmente degradada, pero esa expansión acelerada, se puede decir, que es debida a la atracción de un agujero negro supermasivo, más allá de nuestro universo; agujero negro que puede estar localizado regionalmente en un potencial "continuum" de universos, o ser su centro. Validando aún más la infinitud de la energía.

En la consideración de los tres tipos de universos clasificados por su densidad media: cerrados, planos y abiertos, mencionados anteriormente, la infinitud de la energía, se puede validar de la siguiente manera: a) cerrado.- su principio y fin es cíclico; y por tanto, eterno e infinito; origen en un proceso similar a un "Big Bang" y fin en una contracción, implosión gravitatoria, para iniciar de nuevo otro "Big Bang", aunque no del todo similar al primero, entrando en juego el "principio de incertidumbre" o el azar. b) plano.- con origen en un "Big Bang" específico, con la densidad media adecuada para equilibrar las fuerzas gravitatorias y las cinéticas, y así llegar al equilibrio dinámico y al estatismo eterno e infinito. c) abierto.- iniciará como un "Big Bang" y continuará expandiéndose hasta diluir su materia y degradar su energía en un "continuum"; con la potencialidad de ser atraído por un agujero negro supermasivo, allende nuestro universo; dentro del potencial <u>"continuum" de universos multimodales, "multiverso",</u> en donde se realiza la creación de universos de todo tipo: cerrados, planos y abiertos, en aparente caos; similar a la creación de estrellas y planetas en nuestro universo; cuya existencia es potencial, de acuerdo a los conocimientos científicos actuales, a la especulación y a la extrapolación, por similitud, al "continuum" energético de nuestro universo; y así regenerar su energía, para iniciar su próximo universo. La energía es infinita en sus dos aspectos.

4.- ¿Es la energía inmutable? Se puede pensar que la energía al degradarse se muta, lo que no es correcto, porque la energía cambia de grado, de calidad, pero no de esencia, no se muta o se transforma en otro ser o concepto, con propiedades esenciales diferentes, sigue siendo energía de cualquier modo, pues "no se crea, ni se destruye, solo cambia de forma". La energía es inmutable.

5.- ¿Es la energía omnipotente? Mi intuición, mi conciencia, mi razón, mi inteligencia y mis conocimientos, no han encontrado algo que la energía no pueda hacer: todo movimiento, toda acción, toda creación, todo proceso en el universo, lleva implícito la intervención de la energía. En el rango humano interior, también; como la vida, el pensamiento, la espiritualidad, el amor, el sexo, son inconcebibles sin el concurso primordial de la energía, vital o espiritual; pero energía. La energía es omnipotente. <u>"La degradación neta de la energía, el incremento neto de entropía, es condición de toda objetividad y de toda subjetividad"; "La energía es condición de toda objetividad y de toda subjetividad".</u>

6.- ¿Es la energía omnipresente? La omnipresencia de la energía significa que la energía tiene que estar presente en todo tiempo y lugar en el universo, o en todos los universos posibles. En la región visible del universo es obvia la presencia de la energía, pero en la región oscura, durante mucho tiempo se pensó que estaba el vacío, pero se ha podido comprobar, se encuentra plena de materia y energía oscuras, la antimateria. Desde este punto de vista, se puede considerar que <u>el universo es un "continuum" energético</u>, o lo que es lo mismo, la omnipresencia de la energía. El universo está surcado por toda clase de radiaciones: rayos cósmicos, luz, neutrinos, rayos x, rayos infrarrojos, rayos ultravioleta, sonido, electrones, protones y todas las partículas que hacen posible las interacciones entre cuerpos materiales, inclusive el gravitón, que aunque no se ha comprobado, debe existir, etc.; donde cada una es energía de diferente tipo, pero si éstas se transmiten por "quantums"; entre "quantum" y "quantum", ¿qué hay?; se puede decir que existe un espacio potencial energético en tiempo infinitesimal, y considerar presencia potencial continua, u omnipresencia potencial de la energía, con alto grado de certeza. La omnipresencia de la energía también se valida con el carácter ondulatorio de la materia, con la Mecánica Cuántica, con la "Totalidad Indivisa" bohmiana y con la transmisión dual de la luz: continua y por "quantums".

Los espacios oscuros se cree son la clave para encontrar la materia que aparentemente falta, en la concordancia de los cálculos de la densidad media del universo, la velocidad de su expansión y las distancias entre estrellas y galaxias. La energía es omnipresente.

7.- ¿Es la energía inmóvil? La inmovilidad de la energía como un todo es axiomática, porque si la energía tuviera movimiento, se desplazaría de un lugar a otro, dejando un vacío en su sitio anterior, lo que es imposible, por tener los atributos de infinitud y omnipresencia. Como un todo; la energía es inmóvil.

8.- ¿Es la energía única? No puede haber dos o más seres con todos los atributos de la energía, porque para la creación o concepción de una, tiene que estar involucrada la otra, con omnipotencia, lo que descalificaría a aquella; además, si hubiera dos existencias exactamente con las mismas propiedades, no serían más que una y la misma cosa, por el principio filosófico de los indiscernibles. La energía es única.

9.- ¿Es la energía perfecta? La perfección de la energía debe incluir a todos los demás atributos, adicionada con la ausencia del conflicto entre el bien y el mal, mal que es concepto humano y del cual carece la energía. La energía está más allá del bien y del mal. La perfección de un ser, se ha tomado como una de las pruebas clásicas de la existencia de Dios en la filosofía, al expresar que "yo tengo la intuición de la existencia de un ser perfecto y dentro de esa perfección está la existencia, por lo que Dios existe".

En nada, como en la energía, esto es cierto; algunas corrientes filosóficas han llegado a la conclusión, de que, para que algo exista, debe ser perceptible, es decir, factible de ser percibido por los sentidos, y negaban la existencia de Dios; como los empiristas ingleses, porque no se tenía la percepción de él. La percepción de la energía se encuentra a cada instante en nuestras vidas, es más, se puede decir que la vida y sus vivencias, está formada de las percepciones de la energía, de todas las sensaciones que llegan a nuestros sentidos y se transmiten a nuestro cerebro por corrientes eléctricas de energía neuronal: la estimulación del sistema visual por la energía luminosa para formar las visiones en nuestro cerebro; la estimulación por la energía de vibración, a nuestro sistema auditivo y así formar el sonido; la estimulación por energía química - por flujos de moléculas activas específicas - de los centros nerviosos olfativos y gustativos; y así formar las sensaciones del gusto y del olfato; y la estimulación de los nervios táctiles por la energía infrarroja - el calor - y energía mecánica, por fricción, golpe, etc. Se puede objetar que todas las percepciones son efectos de la energía, y que no son percepciones de la energía en sí, pero son efectos directos, en donde subyace como condición, en todos; como origen, la existencia de la energía. "La condición de la percepción es la energía". La energía es perfecta.

10.- ¿Es la energía omnisciente?, ¿Dios Energía todo lo sabe? Puesto que el conocimiento es un atributo humano, pero también seguramente de otras especies, terrestres y extraterrestres, y todas tienen como condición la energía vital neuronal, se puede decir, que <u>la Energía es el conocimiento o la condición para el conocimiento, es el conocimiento de conocimientos,</u> por lo que la Energía es omnisciente.

El verdadero Dios es la Energía

Después de contestar **afirmativamente** todas las preguntas acerca de si la energía reúne todos los atributos que debe tener Dios; y tomar en cuenta el principio filosófico de los indiscernibles: "si hay dos cosas exactamente iguales, una a la otra; no son más que una, y la misma cosa"; el estado de mi conciencia actual y mis precarios conocimientos, me obligan a exclamar:

<u>¡Yo no creo en Dios!</u>
<u>¡Yo estoy seguro que existe!</u>
<u>¡Y es la Energía!</u>

Esta expresión es válida solamente al día de hoy, pues la incertidumbre, principal motor de la superación, la puede invalidar mañana; y salvarme del estatismo mortal, que significa la seguridad absoluta. Mantengo de cualquier forma la esperanza de solucionar del mismo modo razonado, cualquier contrariedad que me llevare a continuar mi camino en la búsqueda de Dios.

CAPITULO IV

COROLARIOS

La cuestión del cielo

El cielo, ese sitio ideal, mágico, etéreo, destino de las almas bienaventuradas, que han vivido cumpliendo los mandamientos de la Ley de Dios y más; palabra escuchada con veneración y respeto, repetidamente desde mi niñez; es, así lo entiendo, el habitáculo de Dios Padre, residencia del Creador. El cielo es el máximo premio y aspiración de las almas buenas para vivir una vida eterna al lado de Dios. Entonces, si Dios se encuentra en el cielo, ¿no se encuentra en otros lados?, por supuesto que sí, porque la omnipresencia es condición de Divinidad y para concordar estas dos situaciones, se puede decir, que la mayor concentración de Divinidad se encuentra en el cielo; y que en otros lugares, también se encuentra Dios, pero en concentraciones diferentes y hasta diluidas; dependiendo de la cercanía esencial o circunstancial a Dios. Y, <u>¿donde se encuentra el cielo?, bajo el concepto de la Energía como Dios, se encuentra en el agujero negro supermasivo, centro del "continuum" de universos y el sitio de mayor concentración de la Energía posible.</u> Dios Energía en su omnipresencia, se encontraría también en los agujeros negros regionales; en todos los universos posibles, en las galaxias, en las estrellas, en los planetas, en todos los cuerpos siderales, en todos los seres, en todas las moléculas, en todos los átomos, en todas las vibraciones, en todas las radiaciones, en todas las vidas, en todas las vivencias, en todos los pensamientos y en todos los eventos mentales, en todo.

<u>Esta "construcción" celestial, es así, comprensible a mi razón, y no la otra.</u>

Las almas en este cielo estarían en fase de plasma, espíritu puro, energía omnipotente y en comunión con Dios Energía, la verdadera felicidad.

La inmortalidad del alma

La intuición tradicional del alma como una unidad independiente, trascendente, como "ser en sí", puede ser transformada a una realidad de razón por el fenómeno cuántico, debido a la similitud de la unidad energética "quantum" con el alma.

La vida humana está animada por energía, producto de la combustión de los alimentos por el oxígeno respirado; esta energía vital tiene sus frecuencias específicas para cada vida, y en el momento de la muerte, abandona el cuerpo por el proceso de transmisión de toda energía; por "quantums"; en números inconmensurables y con frecuencias distintas, principalmente por radiación infrarroja, o calor. La energía de cada "quantum" se calcula: $E = hf$, donde E es la energía del "quantum", h, una constante y f, la frecuencia. Esto se puede aplicar al alma mediante el concepto de "quantum" equivalente, en donde la energía equivalente del alma, sería igual a la suma de cada una de las energías de los "quantum" vitales, multiplicada por su fracción vital. Entonces, si el alma es un "quantum" vital equivalente, su energía es eterna, y el alma es inmortal. Desde este punto de vista, la "inmortalidad del alma" sale de la metafísica y se integra a la ciencia; validada también por el Principio de Interconexión de J. S. Bell y la teoría de la Totalidad Compacta de David Bohm.

Si el alma es inmortal y existe como un "quantum" vital, con frecuencia equivalente a la suma de las partes del ser del cual proviene, entonces ¿vaga por la tierra atrapada por su gravedad, o vaga por el universo influenciada por otros factores? Esto no lo sabemos todavía. Algunas almas sí, algunas no, dependiendo de su frecuencia vital equivalente, es decir, de su energía. Por similitud con el proceso de formación del color, en donde las frecuencias de los "quantums" de luz que no coinciden con las del cuerpo en el que inciden, son reflejadas; dando la sensación del color, y con el proceso de ubicación de los electrones en los diferentes niveles energéticos atómicos, en donde un electrón, toma solo el nivel que coincida con su energía o frecuencia; se puede decir, que el "quantum" vital equivalente; el alma, puede ser recibido en determinadas circunstancias, por un ser en gestación que coincida con sus necesidades vitales energéticas, haciendo posible la reencarnación, aunque esto entre, únicamente, en el ámbito de la especulación o fantasía. Las almas reencarnadas y las almas clonadas, ¿tendrán el mismo "quantum" vital equivalente, la misma alma, energéticamente hablando, de las que proceden? Posiblemente.

La libertad de la voluntad

La libertad de la voluntad, el libre albedrío, clásicamente se consideraba don de Dios al ser humano, para que éste se responsabilizara de sus actos y es fundamento de la metafísica y del Derecho en el mundo. Pero al margen del don divino, y dentro del concepto de la Energía como Dios, <u>la libertad de la voluntad debe explicarse por causas energéticas vitales, como condición; y no, como don.</u>

En el párrafo de "conceptos básicos para el conocimiento y control de uno mismo", pag. 14, expongo algunos conceptos para decir que, la "libertad de la voluntad", no es tal, porque está acotada y determinada por muchos factores, que se pueden conocer racionalmente, en la actualidad o en el futuro, siempre por eventos o fenómenos energéticos.

La metafísica

La metafísica se separó de la física al no poder explicar la inmortalidad del alma, la libertad de la voluntad y a Dios, postulados que se pensaba, eran propios del espíritu, que determinaban la moral, la conducta humana, el "ser en sí", la trascendencia y separando "irremediablemente" la materia del espíritu.

<u>Con la consideración de la Energía como Dios, la metafísica se reintegra a la física, porque sus tres postulados, son ya, realmente racionales;</u> haciendo posible la existencia de una Física Nova. Una Física Nova, de "Totalidad Compacta"; que incluiría la actual metafísica, la física clásica newtoniana, de rango humano, la física subatómica y la física de universos, que por el momento todas están distanciadas, pero con atisbos y esperanzas de unificación. El único motivo de este distanciamiento es la falta de conocimientos para su integración.

La filosofía

<u>La separación de la energía y la materia, que ha predominado en toda la historia de la filosofía ha sido una abstracción, un error,</u> justificado por la ignorancia de la equivalencia entre ellas, apenas descubierta por Albert Einstein, a principios del siglo XX y comprobado por la escisión del átomo y otras pruebas. Si hacemos un ejercicio, que se puede pensar sea cruel, injusto e inapropiado, para ver las consecuencias en las corrientes filosóficas, sobre todo en las preguntas esenciales: ¿quién existe?, ¿quién es el "ser en sí, no el ser en otro?, ¿quién es el "principio", como comienzo y fundamento de todas las cosas? ¿qué o quién es el ser que no necesita de otro ser para existir? ¿qué o quién es el ser que no es relativo sino absoluto?

De la equivalencia entre materia y energía y considerar a la Energía como Dios, resultará lo siguiente:

Respuestas filosóficas a las preguntas ¿quién existe?, ¿quién es el fundamento de todas las cosas?

Realismo

Thales de Mileto, (siglo VI a. c.), contestó que el agua.

Anaximandro, (610-547 a. c.), que una "protocosa", "apeiron" (indefinida), que tenía la potencialidad de que, de ella, se derivasen todas las demás cosas.

Anaxímenes, (¿550? -480 a. c.), que el aire.

Heráclito, (¿540-480? a. c.), el perpetuo cambiar.

Empédocles, (siglo V a. c.), los cuatro elementos, agua, aire, tierra y fuego, teoría que dominó toda la filosofía hasta principios del Renacimiento.

Pitágoras, (¿580-500? a. c.), el número, inaccesible a los sentidos, ni extenso, ni visible, ni tangible, todas las cosas esconden números dentro de sí.

Parménides, (¿504-450? a. c.), el pensar, "el ser fuera de mí, es idéntico a mi pensamiento del ser", "una y la misma cosa es ser y pensar".

Zenón de Elea, (siglo VI a. c.), el pensamiento, "no es, lo que no se pueda pensar".

Sócrates, (470-399 a. c.), los conceptos, el "logos", la razón dada de algo", ocupándose solo de los objetos éticos.

Platón, (428-347 a. c.), las ideas, son las esencias existentes de las cosas en el mundo sensible, una idea es una unidad indestructible, inmóvil, intemporal, eterna, con realidad existencial, siendo el bien, la idea suprema. Las ideas no son actuantes, no tienen fuerza genética, ni generadora.

Aristóteles, (384-322 a. c), Dios. Para que el mundo sensible sea inteligible es necesario que las ideas lleven el germen, el principio creador, productivo, cada cosa es hecha inteligentemente, por una causa inteligente, que es Dios. En dios no hay materia, es inmóvil, no hay nada en potencia, todo es acto puro. En Dios no hay nada por ser, ni está nada siendo, sino que es, en este instante, plenamente. La actividad de Dios es el pensar de sí mismo y las cosas en él, es el pensamiento del pensamiento. Dios pensando pensamientos da a cada ser contingente, no necesario, su esencia y su forma. Cada ser es una realización de Dios y culmina en ese pensamiento puro que es Dios.

Idealismo

Descartes, (1596-1650 d. c.), yo y mis pensamientos, y Dios. Buscó un conocimiento que fuera indubitable, aunque fuera uno solo, y encontró que era el "yo pensando". "De todo se puede dudar, menos de que yo estoy pensando" y "el único fundamento de mi yo que percibo, es Dios". En base a la garantía de Dios, afirma la existencia en la extensión, de los objetos, de las ideas claras y distintas.

Locke, (1632-1704 d. c.), está de acuerdo con Descartes.

Berkeley, (1685- 1753 d. c.), existo yo con mis vivencias, percepciones; más allá de mis vivencias no existe nada, existe

Dios como fundamento, pero no la extensión. Esas vivencias las pone en mí Dios, que es puro espíritu, como el yo.

Hume, (1711-1766 d. c.), no existo yo, ni la extensión, ni Dios, solo mis vivencias, percepciones en este instante, no pensadas, porque serían recuerdos, ideas. La metafísica aquí, sería imposible, porque postula la existencia de Dios.

Leibniz, (1646-1716 d. c.) rechaza el empirismo de Locke, Berkeley y Hume que reduce el pensamiento a pura vivencia, la razón a puro hecho, llevando a lo racional, absurdamente, a lo irracional. Postula las verdades de hecho y las verdades de razón, las verdades de hecho son las verdades de la experiencia física, las vivencias; y las verdades de razón son las verdades matemáticas, de lógica pura. En el sentido seminal, genético, se puede decir, que las verdades de razón son innatas, independientes de la experiencia. "No hay nada en el intelecto, que no haya estado antes en los sentidos, a no ser, del propio intelecto". Las verdades de razón son necesarias, trascendentes y las verdades de hecho, son contingentes, no necesarias y suficientes. El ideal es una causa que es al mismo tiempo, verdad de hecho y verdad de razón, y esa causa es Dios. En Dios todas las verdades son de razón. El esfuerzo del conocimiento se encamina a convertir las verdades de hecho a verdades de razón. Para esto, descubre Leibniz el cálculo diferencial infinitesimal y el integral, con el que grandes zonas de verdades físicas, de hecho; pasan a verdades matemáticas, de razón. Rechaza también la idea de Descartes, de que la materia es simple extensión y propone, además de la extensión, del espacio, el movimiento y su origen. Por debajo de la pura espacialidad, de la geometría, están los puntos de "energía", la fuerza, lo no espacial, lo no extenso, lo dinámico que hay en la realidad.

Descartes había postulado que la cantidad de movimiento en un sistema cerrado, como en nuestro universo, era constante, e igual a la masa multiplicada por la velocidad, mv. Leibniz encuentra que esto es un error y que la constancia no es la cantidad de movimiento, sino la masa multiplicada por el cuadrado de la velocidad mv^2, que se denominó "fuerza viva". Los cuerpos no solamente son extensos, geométricos, como decía Descartes, sino que son también, sobre todo, fuerzas, "conglomerados de energía", conglomerados dinámicos, que pueden definirse matemáticamente. Con lo infinitamente pequeño del cálculo infinitesimal y la "fuerza viva", Leibniz llegó al concepto, sobre el cual construyó toda su metafísica; y a la pregunta fundamental de la metafísica ¿quién existe?, contestó: la "mónada", pero ¿qué es la mónada? Es primero sustancia, es realidad, en sí y por sí. Es única, no es extensa, no es divisible, no es material, consiste en fuerza, en "energía" ¿qué es fuerza y energía para Leibniz? No cabe aquí la definición física: es la capacidad de un cuerpo para hacer mover a otro, porque aquí no hay cuerpos, la "mónada" no es un cuerpo, no es materia. La energía de la "mónada" es la capacidad de actuar, de obrar, donde la única intuición que tenemos de ese obrar, es el actuar de nosotros mismos. La "mónada" es la sustancia psíquica actuante con posibilidad de vivir. Una "mónada" es totalmente diferente a otra, su individualidad es uno de los principios esenciales de la metafísica de Leibniz. La "mónada" además es simple, no tiene partes, pero cambia interiormente, porque tiene percepción, "la representación de lo múltiple en lo simple", tiene también apetición, tendencia de pasar de una percepción a otra. "Corresponde la realidad metafísica de la "mónada", a esa realidad que llamamos el yo". Las "mónadas" no tienen comunicación con el exterior, ni con otras "mónadas". La "mónada" refleja el universo y en cualquier momento contiene todo el pasado y el futuro de la misma, siendo el presente, la consecuencia de ese pasado. Algunas "mónadas" tienen apercepción – el saber de la percepción- y memoria, como las almas. Las almas que tienen además, la capacidad de conocer las verdades de razón, son los espíritus. Dios en lo más alto de la jerarquía de las "mónadas", es la "mónada" perfecta, donde todas las percepciones son apercibidas y recordadas, donde todas las ideas son claras, y donde el mundo, el universo, está reflejado desde todos los puntos de vista. Dios creó al universo y a todas las "mónadas", preestableciendo en ellas su esencia individual, su consistencia individual en el acto mismo de la creación. Esa "mónada" desenvolviendo su propia esencia, sin nada exterior, coincide y corresponde con las demás "mónadas", en una armonía perfecta, del todo universal. De esta forma resuelve Leibniz el problema de la comunicación entre sustancias, sobre todo entre la mente, el alma y el cuerpo. Por su hipótesis de la armonía preestablecida, armonía puesta en cada "mónada" en su origen y que resulta la armonía universal del todo, Leibniz, termina su filosofía afirmando que este mundo creado por Dios, el universo de las "mónadas", es el mejor, el más perfecto, de todos los mundos posibles, en una aproximación al optimismo y a la Teodicea.

Kant, (1724-1804 d. c.), prescinde de las preguntas fundamentales de la filosofía: ¿quién existe?, ¿quién es el "ser en sí"?, ¿quién es el fundamento, el origen de todas las cosas? encuentra que el "ser", es un objeto "para" ser conocido, un ser puesto lógicamente por el sujeto pensante y cognoscente; como objeto de conocimiento, pero no "en sí" como realidad trascendente. Descubre la correlación indisoluble de la pareja objeto-sujeto, en tanto que el objeto es cognoscible para el sujeto y el sujeto tampoco es un ser absoluto, en sí y por sí, sino, en tanto, en cuanto, es sujeto destinado a conocer un objeto. Kant fundamenta su filosofía en el estudio racional de la ciencia físico-matemática, la cual se compone de juicios, que son tesis, afirmaciones o proposiciones de algo y sus comprobaciones; dichos juicios se dividen en analíticos y sintéticos; los analíticos son aquellos juicios en los cuales el predicado del juicio está contenido en el concepto del sujeto y son "a priori", es decir, independientes de la experiencia; los juicios sintéticos son aquellos en los cuales el concepto del predicado no está contenido en el concepto del sujeto y son producto de la experiencia, es decir, "a posteriori". Después de un gran desarrollo filosófico, Kant encuentra que la ciencia está compuesta de juicios híbridos, de juicios sintéticos "a priori"; y a las preguntas: ¿es posible la existencia de los juicios sintéticos "a priori" en la metafísica? y ¿es posible la metafísica como conocimiento científico? contesta: es imposible. La metafísica, el estudio de la "cosa en sí", de la libertad de la voluntad, de la inmortalidad del alma y Dios, es imposible al razonamiento teorético, científico. Separa la metafísica del conocimiento teorético, racional, y concluye que la actividad humana es más, que la simple actividad del conocimiento, pues también está, la actividad espiritual, que podemos llamar la conciencia moral. La conciencia moral es un hecho de la vida humana, cuyos principios norman la conducta humana, formando juicios. Formula la Ley Moral, "el imperativo categórico": "actúa de tal manera, que los motivos que te lleven a obrar, puedas tu querer, que sean una ley universal".

La "cosa en sí" que Kant a logrado eliminar en la relación de conocimiento, es el afán de satisfacer el deseo de unidad, de la incondicionalidad que el ser humano siente.

La correlación en el acto de conocer entre el sujeto pensante y el objeto por conocer está condenada a tener condiciones, y estas condiciones se suceden en la serie interminable del conocimiento científico, racional, impulsándolo hacia delante, hacia un ideal absoluto y desarrollando el concepto de progreso. Kant finaliza su filosofía con la consideración de ese ideal absoluto, al que el conocimiento científico aspira, pero que no puede alcanzar, aspiración que constituye el progreso del conocimiento; siendo ese absoluto, desde otro punto de vista, como la condición de la posibilidad de la conciencia moral, que es un hecho; que no podría ser lo que es, sino postulase ese absoluto, la libertad absoluta, la inmortalidad del alma y Dios.

Los filósofos post-kantianos Fichte, Schelling y Hegel, a la pregunta ¿qué es lo que existe? contestan: existe lo absoluto. Ese absoluto es de índole espiritual; es pensamiento, o bien acción, o bien razón, o bien espíritu., ninguno de ellos lo concibe como algo material. Ese absoluto se manifiesta, se fenomenaliza, se expande en el tiempo y en el espacio, se explicita en una serie de trámites, sistemáticamente enlazados; de modo que ese absoluto, que tomado en su totalidad es eterno, fuera del tiempo, fuera del espacio, constituye la esencia misma del ser, se tiende en el tiempo y en el espacio. Su manifestación da de sí, de su seno, formas manifestativas de su propia esencia que constituyen lo que llamamos el mundo, la historia, los productos de la humanidad, el hombre mismo.

Fichte, (1762-1814 d. c.) intuye lo absoluto bajo la especie del yo, no consiste en pensar, el pensar viene después. Consiste en hacer, en una actividad. Lo absoluto se explicita en sujetos activos y objetos de acción.

Para Schelling (1775-1854 d. c.), lo absoluto es la armonía, la identidad, la unidad sintética de los contrarios. Es la unidad viviente, espiritual, dentro de la cual, están como en un germen, todas las diversidades que conocemos en el mundo. Hay para Schelling una identidad fundamental, todo es uno y lo mismo, todas las cosas por diferente que parezcan, vistas desde un punto de vista, vienen a fundirse en la matriz idéntica de todo ser, que es lo absoluto.

Para Hegel, (1770-1831 d. c.), lo absoluto es la razón, a la pregunta metafísica ¿qué es lo que existe? contesta: la razón.

Lo absoluto lo concibe no tanto como razón, sino como razonamiento.

Schopenhauer, (1788-1860 d. c.), como lo hizo Schelling, comenzó con el dilema planteado por Kant: la imposibilidad de conocer las cosas en sí mismas, sino más bien, por la correlación para el conocimiento, entre el sujeto y el objeto, a través de los fenómenos; de la realidad aparente, exterior, y no interior, que es independiente de nuestras percepciones y nuestra experiencia. Afirmó que no localizaba la realidad en la idea y que el objeto en sí mismo es la Voluntad. La Voluntad que entendía como el último y primigenio principio del Ser; es la fuente del mundo de las apariencias y de toda vida. La Voluntad creó la mente, el intelecto, para su servicio y todo el mundo fenomenológico también. La contemplación estética es el camino al verdadero conocimiento, que es el arte. La idea es el verdadero conocimiento que se ocupa de lo interior, de lo independiente de toda relación, lo esencial para el mundo, el contenido de sus fenómenos, que no se haya sometido a cambio alguno y es conocido con igual verdad por siempre, y constituyen la objetividad directa y adecuada del objeto-en sí-mismo. Todas las artes son copias de ideas, pero la música es copia de la Voluntad misma. La meta del arte es llevarnos fuera de la esclavitud de la Voluntad devoradora, para adentrarnos en la contemplación de las ideas y transformarnos en "sujeto de conocimiento puro y libre de la Voluntad" y con mayores posibilidades de alcanzar la paz espiritual y la felicidad.

Nietzsche, (1844-1900 d. c.), compartía con Schopenhauer su visión de la liberación de la Voluntad que ofrece la estética. La moral vital y la voluntad de poderío del ser humano es la base de su filosofía y postula como meta el "superhombre".

Heidegger, (1899-1976 d. c.), centró su filosofía directamente en el ser, en el Ser en sí, rechazando las ideas cartesianas de la persona como sustancia pensante y el mundo como sustancia ampliada. El ser existe desde antes del pensamiento, hace a éste posible; si queremos descubrir la verdad tenemos que encauzar nuestra atención hacia el Ser. El estado natural del hombre es comparable a un ser-en-el-mundo, solo en este estado le es dado al hombre descubrir la verdad. La verdad es en primer lugar, y por encima de todo, la acción de permitir que algo se vuelva accesible, es decir, revelado o divulgado, y solo es, de manera secundaria, aquello que es revelado. La verdad solo puede expresarse a través de la poesía, porque se ocupa del ser. Encontró la integración de la verdad y la belleza en una obra de arte, que abre, a su manera, el Ser de los seres. El arte es la verdad poniéndose a trabajar. El arte puede lograr lo que ninguna otra puede: es exclusiva responsable de hacer de la verdad algo históricamente disponible.

Existencialismo

Jean-Paul Sastre, (1905-1980 d. c.), dentro de la corriente filosófica del existencialismo ateo, rechazó los llamados de la verdad universal y de la fe en Dios, por creerlos incompatibles con la incertidumbre y brutalidad de la realidad y afirmó el carácter único de la existencia del individuo, insistió que no existe "esencia fija" alguna.

La persona no esta supeditada a la herencia ni al entorno, sino que en todo momento es un ser libre, que puede hacer realidad cualquier posibilidad, no posee esencia como ente pensante o creación divina, que la limiten; propuso entonces, que la existencia precede a la esencia; en otras palabras, una persona existe, en primer lugar, como individuo único y sin definición alguna preconcebida que determine lo que la persona llegará a ser, para ella todas las posibilidades están abiertas. El hombre, primero existe, y luego se define a si mismo. Si el hombre no es definible, es que, para empezar, no es nada. Y no será nada hasta después, y después será, lo que él haga de sí mismo. Por tanto, la naturaleza humana no existe. No hay excusa, no hay determinismo, es el único responsable de sí mismo. Negar la libertad humana, única y singular, es el único acto inmoral que se puede realizar en la ética del existencialismo. Debe evitarse el pensamiento de grupo y el amor, porque limitan la libertad.

Filosofía y fisiología cerebral

En la actualidad, los mecánicos cuánticos y los neurobiológos son las personas que tienen la capacidad y los conocimientos necesarios para hacer filosofía. La filosofía clásica tenía dentro de sus fundamentos el concepto de un "yo" individual y racional, sin referencia alguna a lo que sucedía realmente en el cerebro, en los procesos fisiológicos que ahí se llevaban a cabo y que producían los pensamientos, la intuición y la conciencia, y como resultado final, la intuición o percepción del "yo".

Algunos hechos importantes que se suceden en la función cerebral son:

1.-La asimetría del cerebro humano, en donde los dos hemisferios, el derecho y el izquierdo, son muy diferentes entre sí.

2.-La existencia en el cerebro de zonas muy especializadas, lugares determinados donde se realizan funciones muy concretas.

3.-La comunicación por el cuerpo calloso de los dos hemisferios, por medio de sus miles de millones de células.

4.-El carácter modular del cerebro. Módulos que trabajan como un equipo semiindependiente y que se comunican entre sí, y que, en general, funcionan en paralelo, en lugar de hacerlo en forma secuencial.

5.-Nuestro cerebro puede ser extremadamente eficiente en algunos aspectos y en otros, ineficaz o nulo.

6.-La neurobiología desafía algunas de las hipótesis fundamentales de la filosofía tradicional al dudar de la existencia, por sí misma de la conciencia. Podría ser que la conciencia sea solo un subproducto de la actividad cerebral, y la seguridad de Descartes en la existencia de la "mente" y la conciencia, sea refutada.

La fisiología de la actividad cerebral influye de manera importante en la filosofía actual. La separación mente-cerebro fundamenta la mayoría de las corrientes filosóficas. Para Aristóteles el centro de la mente estaba en el corazón. La mente está aliada al cerebro, pero existe en forma independiente afirman la mayoría de los filósofos desde Descartes; que aseguraba que la conciencia estaba localizada en la glándula pineal. Los conocimientos actuales de biología y fisiología impulsan la revolucionaria idea que la "mente", no es más que, lo que el cerebro realiza. La conciencia es, entonces, un aspecto de la mente, donde no parece existir un punto central, en el que cada evento se experimente como un todo por nuestro yo consciente. Enigmático es, aún más, para los filósofos, la investigación que señala que las acciones pueden surgir desde dentro de nosotros, antes que conscientemente deseemos que ocurran, aparentemente, por haber sido así elegidas por sí mismas, antes de que nosotros hayamos elegido conscientemente realizarlas. En el caso del acto de mover un dedo, ese tiempo de atraso es de 2/5 de segundo. Se ha encontrado también que la actividad cerebral que antecede al movimiento, es específico para ese tipo movimiento; y es mayor el tiempo de atraso, entre mayor sea la complejidad del acto o tarea a realizar. Por consiguiente, el acto "espontáneo" empieza antes de que seamos conscientes de que hemos decidido actuar. La decisión, entonces, muchas veces, no depende de nosotros, de nuestro yo consciente. Así los módulos de nuestro cerebro son completamente capaces de actuar por sí mismos, dejando el control de nuestra conciencia muchas veces, a un estado virtual, y a la existencia real, en mera apariencia; con la posibilidad de haber ocurrido un poco antes. Las investigaciones han arrojado el hecho, de que solo, si un estímulo es lo bastante fuerte y dura lo suficiente para mantener activas las neuronas durante medio segundo; en un determinado experimento, la mente se da cuenta de ello. Lo extraño es que la mente consciente "cree" que la estimulación comenzó cuando se dio cuenta de ella y después de un tiempo de atraso de medio segundo.

La actividad cerebral, lo que el cerebro realiza, es la conciencia, que está definida probabilísticamente, por el Principio de Incertidumbre de la Mecánica Cuántica, debido a la carga y descarga simultánea de voltaje eléctrico sináptico, por miles de millones de neuronas, que resulta en una miríada de patrones posibles de conciencia o pensamiento, que al colapsar la onda correspondiente, materializa la acción resultante de respuesta al estímulo original, consciente o inconsciente.

En contraposición con la teoría anterior en donde se rechaza la posibilidad de que la conciencia tenga una localización física en el cerebro y que solo es, lo que el cerebro hace; existe otra teoría que también se basa en la Mecánica Cuántica y afirma la posibilidad de una conciencia existencial, no cuantificable. La conciencia se explicita a partir de una mezcla de miles de millones de patrones posibles en el cerebro, de los cuales, uno de ellos, cumple la tarea del momento y tiene éxito, y se convierte en pensamiento consciente.

Algunos científicos afirman que la conciencia tiene una raíz física en el cerebro, en los microtúbulos de todas las células cerebrales y que forman la estructura de soporte, según esta teoría, los microtúbulos, permiten que la energía cerebral exista en una mezcla de estados mecánicos cuánticos, generando y conservando, muchos estados posibles, hasta que surge por probabilidad o estadística, el estado adecuado que llevará a cabo la tarea determinada. Descartes, entonces, podría haber tenido razón al establecer una localización física para la conciencia en el cerebro, a pesar de haberse equivocado al situarla en la glándula pineal.

Dios Energía y la filosofía

En la filosofía de todos los tiempos existen dos errores fundamentales: el primero es considerar la separación entre la materia y la energía, entre materia y espíritu; justificadamente, debido al desconocimiento de su equivalencia; descubierta por Einstein hasta el siglo XX; y el segundo, es la arrogancia limitante; al considerar el ser humano como el centro del universo, como el centro único de sus teorías y que a través de las cuales, se podría llegar a conocer el principio fundamental, el origen de todas las cosas; en fin, del universo, sin tomar en cuenta que éste, pudiera existir sin la existencia del hombre.

Realismo

Los filósofos presocráticos, llamados también cosmólogos, Thales de Mileto, Anaximandro, Anaxímenes, Empédocles, Pitágoras, Parménides y Zenón de Elea, tenían razón en parte, al considerar al mundo como un cosmos, es decir, como un todo comprensible y ordenado, pues en la actualidad se puede considerar al universo como un todo, por la teoría de la Totalidad Compacta de David Bhom, aunque todavía no comprensible del todo, debido a la incertidumbre presente.

Thales de Mileto, Anaxímenes y Empédocles; al considerar el agua, el aire y los cuatro elementos agua, aire, tierra y fuego como principio material de todas las cosas, se acercaron al principio energético, pues la materia es en realidad energía condensada, pero no pudieron explicar los procesos mediante los cuales, a partir de ellos, se originaban todas las demás cosas, incluyendo al hombre y sus pensamientos.

Parménides, Zenón de Elea, Sócrates y Platón al poner en preeminencia, como origen y principio de todas las cosas, a estados, manifestaciones, contenidos o productos de la mente; como el pensar, los pensamientos, los conceptos y las ideas, hacen uso de la arrogancia limitante, y consideran al hombre el centro y origen de todas las cosas. <u>La Energía es condición de la existencia y formación de esos estados o productos de la mente y subyace como cimiento o fundamento en ellos,</u> independientemente de la existencia del hombre.

Anaximandro decide que el principio y fundamento de todas las cosas es una "protocosa", algo indefinido, que tenía en potencia, la capacidad, de que de ella, se derivasen todas las demás cosas. Así, la "protocosa" de Anaximandro coincide con la Energía, en su atributo de omnipotencia, pero adolece de la explicación de cómo se realiza ese proceso de objetivización, es así, solo una fantasía, o una conjetura; que no podría ser de otra manera, dado el nivel de conocimientos de la época.

Aristóteles extrae de su mente la necesidad de la existencia de Dios, como el principio creador del mundo, producido inteligentemente, en forma preestablecida, pues solo así, sería inteligible. El Dios aristotélico es acción pura, no hay nada en potencia, todo esta siendo, no es material, es el pensamiento del pensamiento. Aunque Aristóteles, por vez primera en la filosofía, intuye la existencia de Dios, de un Dios necesario, no define su esencia, solo su necesidad; separando también la materia de la energía, y continúa con la arrogancia de considerar al hombre, como sede primordial de Dios, en el pensamiento de pensamientos. Dios como Energía, en contraposición al Dios aristotélico, es la vez, materia, omnipotente y también acción, existiendo independientemente de la existencia del hombre. <u>En los pensamientos, en el pensamiento del pensamiento, subyace como condición la Energía.</u>

Idealismo

Descartes percibe como el fundamento del yo y de la extensión de los objetos, a Dios, pero no define su esencia, ni sus atributos, solo afirma que es garantía de la existencia del "yo pensando" y de la extensión; así, relaciona a la materia y a la energía, pues, la extensión es un "continuum" energético (y material); y el "yo pensando", es espíritu, es energía vital.

<u>La Energía Dios, es también garantía o condición del "yo pensando" y de la objetividad de la extensión. La extensión, por así decirlo, se "tiende" sobre el "continuum" energético.</u>

A Locke, Berkeley y Hume se les llama empiristas, por la preeminencia en que ponen a las experiencias, percepciones o vivencias que tiene el hombre, en relación con otros estados, productos, contenidos o manifestaciones de la mente; con respecto a la verdadera existencia; hasta llegar a la culminación de su filosofía en Hume, que afirmó: " no existe el yo, ni la extensión, ni Dios, solo mis vivencias", vivencias, percepciones o sensaciones que se están teniendo en este instante, actuales, no recordadas, porque entonces serían recuerdos, que en la realidad, no existen.

El sensualismo de los empiristas ingleses olvida o ignora, que por debajo de las vivencias, que son acumulaciones de estímulos recibidos por los sentidos, se encuentran procesos energéticos complejos, de estimulación y respuesta de los centros nerviosos o cerebrales correspondientes, donde se involucran corrientes energéticas, químicas y electrónicas, muy específicas.

<u>La Energía, como Dios, es condición de toda sensualidad, de todo empirismo y de toda vivencia;</u> y existe, aunque no existiera ningún hombre que la experimentara.

En algunos aspectos la "mónada" de Leibnitz es sorprendentemente actual; coincidiendo con la energía y el "quantum":

1.-Es primeramente sustancia, es decir, realidad, y no sustancia como contenido del pensamiento, como término puramente psicológico de nuestras vivencias, sino sustancia como realidad en sí y por sí.

2.-Es un objeto único, solo, indivisible, cuya consistencia es la fuerza, la energía, el vigor. Es simple, no tiene partes.

3.-Es la capacidad de obrar, de actuar, es sustancia psíquica activa, es fuerza, es energía, similar a aquella con la que nos captamos a nosotros mismos.

4.- Las "mónadas", como las energías, tienen jerarquías, pero por diferente motivo, aquellas, por su capacidad de tener apercepciones y éstas por su capacidad de obrar o actuar.

En otros, es claramente opuesta:

1.-A diferencia del "quantum", la "mónada" es totalmente diferente a otra "mónada"

2.-Las "mónadas" no tienen ventanas, son cerradas, no reciben nada del exterior, no hay comunicación con otra "mónada", a diferencia de los sistemas cuánticos.

3.-La "mónada" no es material, ni puede transformarse a materia.

4.-Dios creó las "mónadas"; y a los "quantums", la energía Dios.

5.-Las "mónadas" que constituyen el universo se encuentran en una armonía preestablecida por Dios, a diferencia con la energía y los "quantums"; en donde el génesis del universo está basado en la degradación neta de la energía, en el incremento de entropía y del caos, del desorden; y toda objetivización y toda subjetivización se realiza por incertidumbre y probabilidad; aunque la ciencia tenga como uno de sus objetivos disminuir o anular dicha incertidumbre.

6.- Para Leibnitz, en una visión del más puro optimismo; el universo actual, creado por Dios, el universo de las "mónadas", es el mejor, el más perfecto de los mundos posibles; para la Energía Dios, la existencia del universo actual, es la más probable, tan probable, que existe; más allá del bien y del mal, e independiente del ser humano y sus calificaciones.

Kant, al eliminar las preguntas fundamentales de la filosofía: ¿quién existe?, ¿quién es el fundamento, el origen de todas las cosas?, descubre la correlación indisoluble de la pareja objeto-sujeto para el conocimiento, la imposibilidad de la metafísica como razonamiento teorético, científico; y como consecuencia, la conciencia moral; separando la actividad humana del conocimiento, de la actividad espiritual y moral. Kant prescinde de la pregunta ¿quién es el origen de todas las cosas?, no lo considera prioritario para su metafísica, dejando en ella sus postulados fundamentales: la libertad de la conciencia, la inmortalidad del alma y la existencia de Dios; pero introduce el concepto del absoluto, hacia donde aspira la ciencia. El deseo de unidad, de incondicionalidad que el ser humano siente, impulsa el conocimiento científico hacia el absoluto, que es a la vez, la condición de la posibilidad de la conciencia moral.

Con el afán de buscar el absoluto de Kant, se inicia en la ciencia la idea de desarrollo, de progreso de la humanidad. Absoluto definido como meta; en donde todas las verdades de hecho lebnizianas, serían ya de razón; las ideas confusas de Descartes, claras; y los juicios sintéticos "a priori", posibles, en la metafísica de Kant; pero indefinido en su esencia. El absoluto de Kant, se puede decir, que es el Dios objetivo, el fin de la ciencia; y que entre más cercano se encuentre, más esperanza existe de entender el origen.

El absoluto, Dios objetivo de la ciencia y el Dios postulado de la metafísica de Kant; a mi modo de ver, son equivalentes, pero ambos indefinidos en su esencia y creados por la mente de Kant, como una necesidad para explicitar su filosofía, pero no explica el origen, ni el devenir del universo, adoleciendo también del error o la limitación de considerar al hombre el centro de él.

La Energía, como Dios, también es el Dios objetivo de la ciencia, y a la vez, Dios de la metafísica; metafísica, que por otra parte, tiene la posibilidad de ser integrada a la física, por medio de las consideraciones anteriormente explicadas, con respecto al hecho de la "libertad" condicionada de la conciencia, la posibilidad científica de la inmortalidad del alma y del Dios Racional; la Energía.

Los filósofos postkantianos Fichte, Schelling y Hegel basaron sus trabajos en donde terminó Kant, en el absoluto. Para Fichte el absoluto es el yo activo; para Schelling es la armonía, la identidad, la unidad sintética de los contrarios, la unidad viviente espiritual; para Hegel lo absoluto es la razón actuante, el razonamiento; ninguno de los tres concibe el absoluto como algo material; y no mencionan su esencia, ni sus atributos y no explican el origen y devenir del universo, continuando la arrogancia limitante, clásica, de muchos filósofos, al considerar lo absoluto, su Dios; solo como contenido o producto de la mente humana. Dios Energía, es más que la pura manifestación, estado o producto de la conciencia humana; es su condición. La potencialidad de la energía subyace como condición de toda actividad física o psíquica del ser humano.

Schopenhauer entendía que la Voluntad es el último y primigenio principio del Ser; es la fuente del mundo de las apariencias, de la vida y del mundo fenomenológico. Si la Voluntad es el primigenio fundamento del Ser; Dios Energía, es su condición. La Voluntad es uno de los productos del cerebro, por medio de las miles de millones de respuestas energéticas neuronales simultáneas, que por probabilidad, se materializan en una acción determinada, involucrando la energía vital, una manifestación de Dios Energía, como condición. La filosofía de Schopenhauer se centra arrogantemente en el ser humano, expresando que hasta el mundo de las apariencias, de los fenómenos, tiene su fuente en el impulso humano de la voluntad.

Heidegger basó su filosofía en el Ser en sí; el Ser existe antes del pensamiento y hace a éste posible. Aunque Heidegger intuyó al Ser independiente del pensamiento, es decir, del hombre, similarmente a la energía; no aclaró la esencia de ese Ser, sus atributos, ni el génesis y existencia del mundo y del universo. Buscó la verdad a través del arte.

Existencialismo

Jean-Paul Sartre rechazó la verdad universal y la fe en Dios, argumentando que son incompatibles con la brutalidad de la realidad, con la pobreza, crueldad, maldad e incertidumbre, imperantes en el mundo actual, afirmando el carácter único del ser humano; que la existencia precede a la esencia; y la no existencia de la naturaleza humana, porque no existe un Dios que la haya creado. El Dios que rechazó el existencialismo y Jean-Paul Sartre, es el Dios clásico, que debía crear al mundo en forma inteligente, ordenada, preestablecida, determinada, por lo que debería ser el mejor de todos los mundos posibles, a los ojos del ser humano; y al comparar Sartre ese mundo ideal, con el real; de crueldad, injusticia y maldad, simplemente lo negó.

<u>Jean-Paul Sartre y el existencialismo ateo, seguramente hubieran aceptado de buen modo al Dios Energía,</u> porque éste crea al mundo, a los mundos y a los universos, a partir del caos, de una manera azarosa, probabilísticamente o determinados por procesos químicos y termodinámicos, que tienen la posibilidad de ser comprendidos por la ciencia; y más allá del bien y del mal. El mundo real de crueldad, injusticia, miseria y maldad en el que vivimos, es compatible con esta forma de creación de los mundos; y fuera del concepto humano de perfección. La noción de un Dios perfecto que crea mundos perfectos para el ser humano, es falsa y arrogante; porque Dios Energía es perfecto y crea mundos perfectos, pero no a los ojos limitados del hombre, sino de acuerdo a las probabilidades o ecuaciones de los procesos involucrados; e independientes del ser humano.

Hechos sobresalientes en la relación de Dios Energía con la filosofía

De lo que hemos visto en este breve revista de algunos de los principales filósofos de la historia, de sus postulados y logros; y de sus conceptos del Ser, del "ser en sí", del origen de todas las cosas, de lo trascendente, del yo, de lo absoluto, de la correlación para el conocimiento, del pensar, etc. y su relación con Dios Energía, sobresalen los siguientes hechos y comentarios:

1.- Todos los filósofos, erróneamente, separaron la mente y el espíritu, de la materia.

2.-Casi todos llegaron a la conclusión por necesidad, de la existencia de algo, que sería el principio y fin de todas las cosas, en el cual se fundirían los contrarios y daría consistencia y comprensión a su filosofía, ese algo, algunos lo llamaron Dios; otros, lo absoluto, el yo, el pensar, la razón, etc.

3.- Antes de Kant, la ciencia estaba incluida en la filosofía.

4.-Kant separó, aparentemente en forma irremediable, la ciencia físico-matemática de la metafísica.

5.-La mayoría de los filósofos, en forma arrogante, pusieron en el centro de su filosofía al hombre; al considerar las manifestaciones, contenido, estados y productos de la mente, como la fuente y origen de todas las cosas; conjuntamente con Dios.

6.-Muy pocos filósofos consideraron algo material como ser primigenio, del cual se derivasen todas las cosas.

7.-Solo dos filósofos, Anaximandro y Leibnitz, en forma por demás sorprendente, estuvieron cerca del concepto de Dios Energía, como el principio y origen de todas las cosas; el primero con su "protocosa" indefinida ("apeiron") y el segundo, con su concepto de la "mónada".

8.-En el interminable conflicto filosófico entre el espíritu y la materia, entre el idealismo y el materialismo, entre las verdades de hecho y de razón, entre las ideas confusas y claras y entre la imposibilidad del juicio sintético "a priori"; aparentemente estéril e irresoluble, se alcanzaron grandes logros en el camino; a veces insospechados e inesperados, como la geometría analítica por Descartes, el cálculo infinitesimal, diferencial e integral, por Leibnitz, la conciencia moral, el imperativo categórico y la ley moral, por Kant y la aparente imposibilidad de la ciencia físico-matemática de conocer de metafísica; la idea de progreso, y el positivismo, que ha permitido a la humanidad dar grandes saltos en la conquista del bienestar material.

9.-La mayoría de los filósofos, posiblemente a excepción de Nietzsche y sus seguidores, consideraron natural y hasta necesario, la existencia del bien y del mal; y siendo humano ese concepto, Dios se debería ajustar a los deseos y esperanzas del hombre.

10.-El empirismo de Hume y el existencialismo de Jean-Paul Sastre, en el extremo de la arrogancia, negaron a Dios, el primero afirmaba que lo único existente, eran las vivencias, y el segundo, que el mundo real no se ajustaba a lo que el hombre deseaba porque no existía Dios; y que el ser humano existía antes de su esencia; aparentemente el hombre aparecía por generación espontánea, y después se definía a sí mismo.

11.- A ningún filósofo se le ocurrió la idea, en forma por demás increíble - dado las incontables mentes prodigiosas que debieron haber pasado por la filosofía - el concepto, la posibilidad, aunque fuese por fantasía, de la equivalencia entre espíritu y materia; que todas las manifestaciones, estados, contenidos y productos de la mente o de la conciencia, tuvieran un equivalente material. Tan descabelladas se consideraron las ideas de Anaximandro y Leibnitz, que después de su muerte, ningún filósofo importante las siguió; si tan solo sus ideas se hubieran quedado plasmadas en la filosofía, como algo singular o anecdótico y hubieran evolucionado hacia una fantasiosa equivalencia entre materia y espíritu, muchas cosas se hubieran aclarado, y la ciencia hubiera adelantado, posiblemente siglos, en el estudio de la libertad de la conciencia, la inmortalidad del alma y Dios, integrando desde hace mucho tiempo la metafísica a la ciencia.

Si los inconmensurables esfuerzos mezquinos de los alquimistas y pseudo filósofos de convertir burdos materiales en oro, se hubieran encauzado **a la verdadera piedra filosofal, a la piedra preciosa filosofal: al punto de encuentro entre la materia y el espíritu**; la historia de la humanidad hubiera cambiado, seguramente para bien; pues la obvia consecuencia, evidente, sería llegar al concepto de Dios Energía. Entonces el mundo se aceptaría tal y como es, el hombre se adaptaría a él, sin vanos reproches y sin falsas esperanzas.

12.- No ha existido ningún filósofo que haya considerado al ser humano como lo que es: un grano de arena en la infinitud del universo, un accidente afortunado de la evolución, **un evento probabilístico en el mar de incertidumbre,** que no cuenta obviamente para Dios Energía; y de ninguna manera, el centro del universo, el ser preferido y protegido por la Divinidad, y mucho menos la condición para que existan las demás cosas. Es necesario, por tanto, hacer filosofía tomando en cuenta estas nuevas y reales condiciones humanas, pero sería dentro de la ciencia, disciplina que garantiza un poco más el entendimiento y comprensión del ser humano como tal, y así adaptarse a ser nada, o casi nada en la inmensidad universal y esperar con humildad, el encuentro de otras vidas o inteligencias allende el mundo. Aunque no exista ya la especie humana, seguirán existiendo los mundos, las estrellas, los universos; aún sino hubiera otras vidas o inteligencias que las perciban; pero en la omnipotencia de Dios Energía seguiría la posibilidad y probabilidad de nuevas apariciones vitales, y quedaría la historia de la especie humana como una fugaz presencia infinitesimal en el "continuum" energético poliversal, y sería anecdótico el recuerdo de la época, en donde se consideró al hombre, altivamente, el centro del universo e "imagen y semejanza de Dios".

FIN

INDICE

Página	
1	INTRODUCCIÓN
	CAPITULO I
4	El amanecer de mi conciencia
	CAPITULO II
16	Conocimiento, control y evaluación de mi ser. La juventud
17	Conceptos básicos para el conocimiento y control de mí mismo
19	Técnicas de relajamiento y control de los pensamientos
22	El valor absoluto de una persona
25	Factores que influyen en el talento y en la eficiencia humana
28	La Biblia. Breve estudio
28	El Génesis. Creación del cielo y la tierra
29	Creación del hombre
30	Creación de la mujer
30	El Diluvio
31	El hombre postdiluviano
32	La cuestión egipcia
35	Análisis de la cuestión egipcia
37	La Alianza y el Decálogo
37	Los Diez Mandamientos
40	La parafernalia del holocausto
41	Análisis del culto y su parafernalia
44	La tierra prometida

47	Algunos hechos en la conquista de la tierra prometida
50	Comentarios sobre el Antiguo Testamento
51	Vida después de la muerte en el Antiguo Testamento
52	El Dios bíblico no es el verdadero Dios.
56	El Nuevo Testamento
57	Evangelio según San Mateo. El Niño Dios.
58	Los Reyes Magos
58	El bautismo de Jesús
59	El Sermón de la Montaña
61	Los prodigios de Jesús
62	Persecuciones
62	Exhortaciones
63	Las ciudades impenitentes
63	El pecado contra el espíritu
64	Los parientes de Cristo
64	Jesús en Nazaret
65	Cristo acepta ser hijo de Dios
65	Anuncio de la Pasión
65	La renuncia del yo
66	Jesús aconseja el perdón
66	Repudio a la mujer
66	El joven rico
67	Peligro de las riquezas
70	Recompensa por seguir a Jesús
70	El primero en el cielo
71	Los comerciantes en el templo
72	Otros prodigios de Jesús
72	Al César lo que le corresponde
72	El mayor mandamiento de la Ley
73	Jesús amenaza con su segunda venida
73	Sucesos que anuncian la parusía
74	Falsos cristos
74	Las diez vírgenes
75	Encomienda del negocio
76	El juicio de las naciones

77	Pasión y muerte de Cristo
77	Judas vende al Maestro
78	La Última Cena
78	La aprensión de Jesús
79	Jesús ante Pilatos
80	Crucifixión
80	Resurrección
81	Aparición de Jesús en Galilea
81	Apocalipsis
82	Comentarios sobre el Nuevo Testamento

CAPITULO III

LA BUSQUEDA DE DIOS CONTINÚA. LA APACIBLE MADUREZ

86	La energía candidata a Dios. Fundamentos
92	Probatoria de Dios como Energía
97	El verdadero Dios es la Energía

CAPITULO IV

COROLARIOS

99	La cuestión del cielo
100	La inmortalidad del alma
101	La libertad de la voluntad
102	La metafísica
102	La filosofía
103	Respuestas filosóficas a las preguntas ¿quién existe? ¿Quién es el fundamento de todas las cosas?
112	Filosofía y fisiología cerebral
115	Dios Energía y la filosofía
115	Realismo
117	Idealismo
122	Existencialismo

122	Hechos sobresalientes en la relación de Dios Energía con la filosofía.
126	FIN

Made in the USA
Lexington, KY
30 September 2019